I0074988

economía
y
demografía

ACUMULACIÓN CAPITALISTA DEPENDIENTE Y SUBORDINADA:

el caso de México (1940-1978)

por

CARLOS PERZABAL

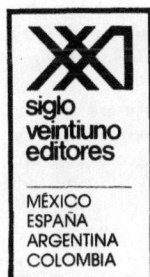

siglo
veintiuno
editores

MÉXICO
ESPAÑA
ARGENTINA
COLOMBIA

XXI

siglo veintiuno editores, sa de cv
CERRO DEL AGUA 248, DELEGACIÓN COYOACÁN, 04310 MÉXICO, D F

siglo veintiuno de españa editores, sa
C/PLAZA 5, MADRID 33, ESPAÑA

siglo veintiuno argentina editores, sa

siglo veintiuno de colombia, ltda
AV. 3a 17-73 PRIMER PISO, BOGOTÁ, D.E. COLOMBIA

edición al cuidado de maría luisa puga
portada de maría oscos

primera edición, 1979
segunda edición, corregida, 1981
tercera edición, 1985
© siglo xxi editores, s. a. de c. v.
ISBN 968-23-0518-7

derechos reservados conforme a la ley
impreso y hecho en méxico/printed and made in mexico

ÍNDICE

AGRADECIMIENTOS 9

INTRODUCCIÓN 10

CAPÍTULO PRIMERO 19

I. CONDICIONES HISTÓRICAS DE LA INDUSTRIALIZA-
CIÓN EN MÉXICO, 1940-1978 19

A. La polarización del sector agrícola, 19; B. Estrategia y limitaciones de la industrialización dependiente, subordinada y de complementaridad desigual
en México, (1940-1974), 29; c. La dependencia del
capital externo en los sectores I y II (subordinación de la estructura productiva), 56.

II. LA CRISIS ESTRUCTURAL U ORGÁNICA EN MÉXICO
(1965-1978) 64

A. Características de la crisis agrícola, 65; B. Características del desarrollo industrial, 66.

III. RECESIÓN COYUNTURAL Y ARTICULACIÓN CON
LA CRISIS ORGÁNICA (1975-1978) 69

CAPÍTULO SEGUNDO 74

I. SUPUESTOS TEÓRICOS DE LA ACUMULACIÓN DEL
CAPITAL BAJO CONDICIONES DE DEPENDENCIA
Y SUBORDINACIÓN 74

A. Polémica acerca de los esquemas marxistas de reproducción del capital social, 74.

II. MODELO TEÓRICO DE INTERPRETACIÓN 85

A. La acumulación en el capitalismo en condiciones
de dependencia y subordinación, 85.

III. LEYES DE INTERCAMBIO ENTRE EL SECTOR I Y
LOS SUBSECTORES II$_a$ Y II$_b$' EN UNA ECONOMÍA
DEPENDIENTE (reproducción ampliada)   93

IV. CARACTERÍSTICAS DE LA REPRODUCCIÓN AMPLIA-
DA DEPENDIENTE   97

V. CONTRADICCIONES DE LA REPRODUCCIÓN DEL CA-
PITAL SOCIAL EN UNA ECONOMÍA DEPENDIENTE
Y DE PROPORCIONALIDAD SUBORDINADA   99

CAPÍTULO TERCERO   103

I. MODELO EMPÍRICO DE INTERPRETACIÓN – ESQUE-
MAS DE LA REPRODUCCIÓN DEL CAPITAL SOCIAL
EN MÉXICO   103

A. Objetivos del modelo, 103; B. El proceso de formulación de los esquemas, 105; C. Limitaciones del modelo, 108; D. Reproducción del capital social en
México - modelo de dos sectores y dos subsectores,
109; E. Factores revelados por estos esquemas acerca
del carácter de la acumulación dependiente y subordinada, 112; F. Reposición de la producción social
global en ambas economías: economía monopolista
dominante y economía dominada (1970), 120.

CAPÍTULO CUARTO   124

I. PERSPECTIVAS DE LA ACUMULACIÓN DEL CAPITAL
MONOPOLISTA EN MÉXICO   124

A. Sector I (productor en pequeña escala de medios
de producción), 127; B. Redefinición de la hegemonía económica por la burocracia política, 133; C. Reconstrucción del bloque de poder en el capitalismo
monopolista en México: "El proyecto nacional revolucionario", 134; D. Una alternativa de política económica democrática para salir de la crisis, 138; E.
Rescatar la democracia formal para alcanzar (tomar
por asalto), la democracia directa: el socialismo, 144.

ANEXO   145

A TERESA MI COMPAÑERA
QUIEN COMPARTIÓ
EN TODOS SENTIDOS
ESTE TRABAJO

Hay un inconciliable desajuste entre el tiempo del Hombre y el tiempo de la Historia. Entre los cortos días de la vida y los largos, larguísimos años, del acontecer colectivo.

ALEJO CARPENTIER *(La consagración de la primavera)*

Las burguesías autóctonas han perdido su capacidad de oposición al imperialismo —si alguna vez la tuvieron— y sólo forman su furgón de cola. No hay más cambios, ¿qué hacer?; o revolución socialista o ' caricatura de revolución.

ERNESTO "CHE" GUEVARA, discurso pronunciado en Argelia el 24 de febrero de 1964

AGRADECIMIENTOS

*A la Revolución Cubana que permitió
la realización de mis estudios*

Quisiera en primer término agradecer a mis maestros de la Universidad de La Habana: Anastasio Mansilla, Víctor Oserov, Arcadio Fainisky, Peregrín Torrás, Juan F. Noyola Vázquez, Julio Le Riverend; los cuales ayudaron en lo fundamental de mi formación. A mis condiscípulos: Plinio Castillo, J. I. Rolando Rivas, muertos luchando por la libertad de su Guatemala; Donald Castillo, Roberto Cáceres, Marta Ferrer, Hermes Herrera, A. Godínez, M. Dotre, M. García, Silvia Doménech, quienes compartieron conmigo país, sueños y conocimientos.

A mis maestros de la División de Estudios Superiores de la Facultad de Economía de la UNAM: Enrique Semo, Theotonio Dos Santos, Maria Conceição Tavares, Sergio de la Peña y otros, los cuales con sus enseñanzas, críticas y sugerencias orientaron mi trabajo de investigación.

A mi tutor, el Dr. Jorge Krímpas de la Universidad Brunel de Inglaterra, al Dr. Jorge Caterphores del departamento de Economía del University College de la Universidad de Londres, los cuales leyeron y criticaron este manuscrito y cuyas observaciones y profundas sugerencias fueron tomadas en cuenta aquí, y lo serán en futuros desarrollos.

Finalmente, a mis compañeros economistas: José Valenzuela, Alfonso Vadillo, Raúl González, Carlos Sevilla, Leonel Corona, Pedro López, cuyas críticas dieron aliento a mi trabajo.

A Manuel Marcué Pardiñas quien orientó y dio sentido a mis convicciones.

INTRODUCCIÓN

Los dos pensamientos que preceden este trabajo no son casuales ni una mera referencia intelectual. Constituyeron dos grandes angustias, las cuales me poseyeron a lo largo de mi investigación. La primera de ellas, la doble noción del tiempo, el individual y el histórico, planteaba un problema: ¿cómo aprisionar un proceso social e histórico tan complejo en el breve espacio de un estudio?, ¿cómo definir lo específico de la reproducción del capital social de nuestra economía?; ¿cómo desentrañar aquellas determinantes propias de la acumulación del capital en nuestro país?, ¿cómo, en fin, incorporar el tiempo continuo de la historia de un pueblo en un tiempo finito?

La segunda, más que un problema teórico fue el reto de desmistificar una revolución ni interrumpida ni perenne, sino una revolución que liquidó sus posibilidades históricas (democráticas y antimperialistas), cuanto más se articuló la acumulación del capital al proceso de trasnacionalización y al de monopolización interna.

La Revolución mexicana de 1910-1917 cambió sin lugar a dudas las estructuras políticas y sociales del México porfirista. Fue una revolución de masas e incorporó en su proyecto político las demandas de campesinos y obreros, dio paso a un estado moderno, consolidó instituciones y una democracia al estilo liberal. Del caudillismo y los generales se pasó a la formación de una burocracia política que gobernó en estos años bajo la dictadura de un partido, un poder presidencial férreo y un control vertical sobre los organismos de clase de la sociedad civil.

Las vetas ideológicas y políticas que provenían del formidable movimiento social de la revolución, de los tiempos de la institucionalización y de los de las reformas cardenistas, se fueron agotando hasta el punto en que la democracia —esa mentira sancionada, como le llamara Marx— aparecía cada vez más conculcada por el estado en su verdadera y nítida naturaleza de clase burguesa y hoy por hoy, en su condición de estado de los monopolios.

La Revolución mexicana no se hacía caricatura de revolución: mostraba su agotamiento y sus límites históricos, mostraba esa eterna paradoja de que mientras más avanzaba el desarrollo de las fuerzas productivas, la concentración y centralización del capital, más el monopolio sentaba sus reales en todos los ámbitos de la economía; el modelo político de democracia liberal, desvencijado y minado por el presidencialismo, ponía en crisis la hegemonía, el proyecto político y el modelo de dominación de la burocracia política mexicana.

La socialización de la producción exige en estos tiempos la socialización de la política. El hombre común, el mexicano cotidiano, no puede permanecer por más tiempo al margen de la política; los organismos sociales: sindicatos, partidos políticos, centrales campesinas, movimiento obrero independiente, etc., requieren transformarse en organismos de clase, dejar de estar bajo el control vertical de la burocracia política, e instrumentar una política de clase que responda a sus propios intereses y a la *necesidad* de incorporar sus demandas a un proyecto alternativo de las clases dominadas.

En otro sentido, este estudio pretende superar en alguna forma la visión dependentista según la cual, las relaciones de dependencia entre "centro y periferia" definen todas y cada una de las determinaciones de la acumulación. Aunque el comercio exterior es una necesidad en el remplazamiento del capital social de la economía dominada, no constituye ni el hecho básico ni el factor decisivo en la integración del aparato productivo, así como tampoco es el elemento central de las crisis de sobreproducción en las economías "periféricas".

No sólo estos factores externos están presentes, ni la dependencia o la superexplotación son las categorías que todo lo explican. En el interior de nuestras formaciones sociales hay procesos políticos y sociales (Revolución mexicana, reformas nacionalistas, papel del estado en la reproducción de las relaciones sociales de producción), tendencias internas del proceso de acumulación que prefiguran salidas no siempre catastróficas, fascistas o militaristas.

La caracterización de la acumulación interna, la constitución de diferentes fracciones de la burguesía, la existencia de la burocracia política con cierta autonomía, las nuevas y crecientes funciones del estado, el petróleo como eje del nuevo patrón de acumulación monopolista en el caso mexicano, son otros tantos elementos que dan relevancia a los procesos internos y en gran medida, definen la acumulación.

La dependencia es un momento en la explicación general y no la explicación misma. No es método de análisis o categoría totalizante, ni condición externa de existencia o situación determinante. La de la dependencia no es una teoría que sistematice las condiciones de operación de las economías "periféricas". Resulta erróneo o al menos parcial explicarse, al estilo de las mariposas de Mauricio Babilonia, el proceso de acumulación por la presencia del imperialismo en todas partes. Presencia, se entiende, avasalladora.

De tal manera que el cuestionamiento del núcleo de la teoría de la dependencia, la superación del análisis dependentista de identificación del modo y el sistema de producción, debe pasar necesariamente por un acercamiento a lo concreto: al sistema de producción particular de una economía en condiciones de subordinación y dependencia. Se trata, por tanto, de evidenciar las determinaciones propias del proceso de acumulación interno, transformando el análisis sobre las relaciones de dependencia de método y condición general que explica en su conjunto el carácter de la acumulación, en una etapa de la interpretación sobre ese objetivo de estudio.

Consideraciones sobre el marco teórico

En esta perspectiva es que planteamos los esquemas de la reproducción del capital social de Marx como el modelo teórico para una "lectura" crítica y científica de las condiciones de dependencia y subordinación. Cabe subrayar que dichos esquemas han sido utilizados por teóricos e investigadores en diversos estudios en torno al movimiento de las relaciones sociales de producción capitalista. Así Rosa Luxemburg recurre a ellos buscando resolver algunos supuestos (abstracciones) de los que partió el propio Marx; Emmanuel intenta usar la variable salarios para hacerla dependiente en el marco de los esquemas; con base en ellos, Leontief establece su tabla de Insumo-Producto y los economistas soviéticos construyen el Balance Intersectorial; Mandel los emplea para estudiar el capitalismo tardío y Samir Amín los maneja implícitamente en el análisis del capitalismo periférico.

Por nuestra parte, nos proponemos mostrar aquí la utilidad, cabe decir la validez, de los esquemas marxistas de la reproducción del capital en la interpretación de una economía capitalista dependiente y subordinada. Para ello es necesario modificar algunos de sus supuestos y establecer las determinaciones que son propias de la acumulación del capital en nuestros países dependientes.

Se parte, naturalmente, de la concepción marxista del movimiento de las relaciones sociales de producción capitalista; de su expresión en la acumulación del capital a partir de la perspectiva general, para hacer relevante la forma de manifestación de las leyes de la proporcionalidad en las condiciones de dependencia, subordinación y complementaridad propias de los países "subdesarrollados". Al destacar el carácter de la acumulación del capital dependiente, se ilustran al mismo tiempo las determinaciones concretadas en general para el caso de México con el más reciente material empírico disponible, como las series estadísticas de las décadas de los años sesenta y setenta.

El nivel de abstracción que Marx usa en su teoría de
la acumulación, que del caso de Inglaterra (*El capital*,
tomo I secc. 7ª) pasa a un nivel más general referido
al sistema capitalista (tomo II, 1ª y 3ª secciones y
tomo III en la tendencia decreciente de la cuota de
ganancia), nos sugiere la posibilidad de emplear la teoría
de la acumulación del capital para fijar las relaciones
entre países imperialistas dominantes y naciones, como
México, bajo condiciones neocolonialistas. Más aún, permite suponer que mediante el modelo de Marx se pueden
establecer los vínculos del proceso de acumulación del
capital entre países del capital monopolista mundial, con
los países capitalistas en condiciones de dependencia,
explotación y subordinación.

De ahí que en una primera instancia orientemos
nuestras reflexiones a formular una metodología que,
apoyándose en un fundamento científico, la economía
política marxista, permita abordar el fenómeno de las
relaciones de producción capitalista sub-"desarrolladas"
con una perspectiva histórica, descubriendo sus peculiaridades esenciales, su especificidad y sus vínculos con las
economías altamente industrializadas. No siendo sufi-
ciente este análisis, hay que deducir o inducir por medio
de la abstracción científica, categorías económicas simples (que contengan al todo menos desarrollado en su
complejidad), que subordinen a las más simples y con-
formen sistemas de éstas, cada vez más complejos.

Si a esto agregamos la sistematización de los resultados
y su exposición, podremos hablar de una metodología
adecuada al estudio del "subdesarrollo".

Es con base en ella que intentaremos aproximarnos al
fenómeno del "subdesarrollo" en general y al de México,
en particular. Las siguientes son las proposiciones claves
a partir de las cuales se articula esta investigación.

Proposiciones en torno a la noción del subdesarrollo

Existe un sistema de categorías de la economía política que constituye el cuerpo orgánico del "subdesarrollo". Éste es, sin embargo, un concepto que conduce a la generalización y a la pérdida de especificidad, al agrupar (como lo hacen ciertos teóricos) un mosaico de países del "tercer mundo" en un universo de investigación único; aquí por el contrario, se pretende rescatar la especificidad del desarrollo capitalista en el caso de México, por medio de la metodología marxista y la economía política del capitalismo.

Desde nuestro punto de vista, el "subdesarrollo" se ubica dentro de los marcos del análisis histórico sobre el desarrollo económico del imperialismo y el sistema neocolonial que le es intrínseco, y su núcleo radica en el hecho de que la reproducción del capital social de los países atrasados no es más que un momento de la reproducción del capital mundial, sin elevar esta afirmación a categoría absoluta y unívoca.

Bajo las condiciones del capitalismo competitivo, la reproducción de las relaciones capitalistas supone, como premisa, la separación del productor de sus condiciones de producción (por la existencia, en este marco histórico, del trabajo enajenado); con la presencia de la contradicción DESARROLLO MONOPOLISTA-DESARROLLO DESIGUAL, las relaciones neocoloniales imponen a los países atrasados, dependientes y explotados la separación entre éstos como productores de materias primas y productos manufacturados y las condiciones de su reproducción ampliada del capital social,[1] es decir, los requerimientos de bienes de producción.

A nivel particular, nuestras proposiciones pueden enmarcarse en dos puntos básicos.

[1] No sólo el productor no reproduce su idea en el producto de su creación, sino que éste se le aleja y se transforma en capital monopolista, con lo que en los países dependientes se reproducen las relaciones capitalistas, separando al productor de su creación y de las condiciones de producción.

16

1. El carácter de la reproducción del capital social de América Latina, tiene al menos tres determinantes principales:

a) Es dependiente porque la reproducción del capital constante, particularmente el capital fijo de los Sectores I y II está fuera de la economía dado que se sitúa en los marcos de una estrategia mundial de desarrollo desigual del capital monopolista.

b) Es un medio de transferir excedente, porque en cuanto a valor y a valor de uso, la reposición de medios de producción de ambos sectores está impuesta por el país imperialista y porque la inversión extranjera, principalmente norteamericana, genera importación de bienes de capital y materias primas. Esto es, descapitaliza nuestras economías al propiciar la salida del excedente divisas por concepto de regalías, intereses, ganancias y compra de conocimientos tecnológicos y su aplicación.

c) Es complementaria por ser un momento de la reproducción del capital social mundial; reproducción que, por tanto, está impuesta y adquiere la condición de proporcionalidad subordinada.[2] Tal complementariedad está sujeta al nivel de desarrollo económico y social del país en condiciones de subordinación y dependencia de desarrollo capitalista, lo que supone, por fuerza, *límites a esta complementariedad y a su condicionamiento por el nivel de acumulación del capital interno.*

2. Un rasgo del capital monopolista es el uso de las colonias, las semicolonias y los países dependientes como esfera de influencia, mercado de materias primas y fuente de éstas y de fuerza de trabajo, mercado de productos

---

[2] Este concepto de proporcionalidad subordinada expresa a las proporciones que debe guardar la estructura del Producto Social Global para que sea factible la reproducción del capital social de las economías dependientes, determinadas en gran medida por las proporciones en que se produce en las economías superindustrializadas el Sector I. La subordinación tiene además de esta expresión material, una subordinación financiera, es decir, que en cuanto a su valor, se requiere el empréstito para poder realizar el producto social e iniciar la reproducción ampliada del capital.

manufacturados y de capital. A esto se puede agregar la especialización en operaciones, productos y partes de procesos productivos que las empresas transnacionales han inaugurado con la internacionalización de las firmas, o mejor dicho, con la internacionalización de ramas (estratégicas) de las economías dependientes.

Dicha hipótesis no pretende demostrar la vitalidad de este rasgo o su valor empírico, sino la manera en que este rasgo define una reproducción del capital social (acumulación), en escala ampliada sólo para el Sector II, de bienes de consumo, donde se infiere que el "centro" no sólo establece el nivel tecnológico sino que las proporciones en que se acumula y se reproduce el capital son impuestas con techos muy reducidos, y sus ampliaciones o cambios tecnológicos responden a modificaciones en la estrategia neocolonial de dominio o en la acumulación de las economías superindustrializadas.

De ahí podemos adelantar que tales rasgos del capital monopolista configuran internamente una estructura de la reproducción que ahonda el desarrollo desigual (rasgo de las relaciones capitalistas imperialistas), cuyas consecuencias se expresan en una estructura productiva con tecnologías atrasadas, de baja productividad, altos costos (que comprimen los niveles de vida al recaer sobre el consumidor), ahorradora de mano de obra y cuyo carácter arcaico somete a la clase obrera latinoamericana a altas tasas de explotación. Esto representa la expansión, por otros medios, del capital monopolista y de la política neocolonial que le es inherente.

Así, desarrollo y subdesarrollo —más precisamente atraso— son dos aspectos de una contradicción generada desde el interior de las economías monopolistas. Son las mismas contradicciones que se desarrollaron desde el capitalismo competitivo hasta el surgimiento del capitalismo monopolista de estado; son los rasgos que dieron lugar al desarrollo desigual y tomaron como ámbito natural (necesario) los países atrasados.[3]

[3] En los trabajos de T. Dos Santos, A. G. Frank y otros, se expone esta determinación como "relación de interdependencia",

Aquí se podría hacer específica la hipótesis general según la cual, por el desarrollo desigual, se perpetúa la separación entre los países productores dependientes y las condiciones de producción y reproducción ampliada de sus economías; la base de tal separación es la propiedad y control monopolista de las ramas estratégicas de las economías de América Latina.

Definidas nuestras hipótesis de trabajo, pasemos a exponer el marco histórico descriptivo en el que se moverá nuestro análisis, y el marco teórico de interpretación, esto es, el modelo de Marx y los cambios que propongo para interpretar el movimiento del conjunto del capital de la sociedad mexicana, en las condiciones de dependencia, subordinación y explotación neocolonial.

CARLOS PERZABAL M.

Mayo de 1979

"situación condicionante" en la que algunos países (dominantes se desarrolla automáticamente y otros, (los dependientes), sólo lo hacen como reflejo de esa expansión (T. Dos Santos, en *La dependencia político-económica en América Latina*, México, Siglo XXI, 1969).

CAPÍTULO PRIMERO

I. CONDICIONES HISTÓRICAS DE LA INDUSTRIALIZACIÓN EN MÉXICO, 1940-1978

A. LA POLARIZACIÓN DEL SECTOR AGRÍCOLA

El desarrollo reciente de México se ha realizado, en lo que respecta al proceso de industrialización, conforme al así llamado Modelo Desarrollista Estabilizador. El rompimiento actual de este modelo de desarrollo es un hecho de importancia económica, el cual liquida una buena parte del proyecto político de la burocracia política en el poder, y rompe en algún sentido las formas de dominación que la burocracia política usó para controlar la lucha de clases, mantener el consenso en la sociedad civil y ejercer su dominio sobre las clases dominadas.

Los gobiernos posteriores a Cárdenas comenzaron una "revolución" industrial, la cual a su tiempo produjo nuevas contradicciones de clase. No sólo se definió un proceso de contrarreformas sino que también se definió en este tiempo la condición de dependencia y subordinación del desarrollo industrial capitalista en México.

La Reforma Agraria en el período de 1933-1939, definió a la agricultura ejidal como una forma económicamente productiva. No sólo el ejido fue la síntesis de las aspiraciones de clases de los campesinos, sino que mostró el camino del desarrollo del capitalismo en el campo mexicano.

Hacia 1938, Cárdenas había distribuido 15 475 000

hectáreas, y en 1939, 1 600 000 ejidatarios fueron dotados de tierras conforme a datos anunciados por Cárdenas; en esta misma fecha se habían distribuido 23 600 000 hectáreas. Esto constituyó el doble de las hectáreas que habían sido distribuidas en el período siguiente a la etapa armada de la Revolución mexicana de 1910. La reforma, sin embargo, no afectó a todos los grandes propietarios. En 1939, 20 000 000 de hectáreas permanecieron en manos de pequeños y medianos propietarios y 87 000 000 permanecieron en manos de grandes propietarios.

Sin embargo, la estructura de la propiedad de la tierra cambió básicamente; el problema de los campesinos sin tierra no fue resuelto del todo (para darles a ellos la tierra debería ser necesaria la expropiación de toda la tierra en manos de grandes propietarios). En 1940, del total de 1 732 354 hectáreas de áreas irrigadas, el 42.6% pertenecía a las tierras no ejidales y el 57.39% a las tierras ejidales. Del total de 765 503 hectáreas de tierras de humedad, 55.21% pertenecía a las tierras no ejidales y 44.79% a los ejidos. De las 850 468 hectáreas de tierra con árboles frutales, 58.5% eran no ejidales y el 41.15% pertenecía a los ejidos. Esas cifras se refieren únicamente a las tierras registradas, pero de su observación es posible inferir el gran apoyo dado al sistema ejidal, así como también señalar que en la agricultura el sector privado permaneció en promedio en un 50% respecto del ejido.

En los primeros años, la reforma agraria estuvo apoyada por grandes inversiones en el sistema de irrigación, la construcción de caminos, la creación de instituciones de créditos (Banco Nacional de Crédito Ejidal, Banco Nacional de Crédito Agrícola), la instrucción, la técnica y la organización en forma corporativa de los campesinos a través de una confederación.

Todos estos factores propiciaron una oferta de productos agrícolas en el mercado urbano. En esta nueva situación, el principal problema fue si el ejido como unidad productiva estaba en capacidad de resolver los problemas del desarrollo de la agricultura; la producción creció del 7 al 61% en las cosechas de trigo, arroz, papa, henequén, café, algodón y cebada.

Hacia 1938 hubo algunos resultados positivos en relación con la productividad y el apoyo financiero dado al ejido.

1. La tercera parte de las granjas ejidales realizaban una agricultura colectiva más o menos.

2. La productividad de las granjas ejidales creció en los principales productos: 10% en la productividad del maíz; 11% en la del trigo; 45% en la del arroz; 77% en la del frijol.

3. El valor de las cosechas del Banco Ejidal creció de 34 700 000 de pesos en 1936, a 90 900 000 en 1937.

4. Sin embargo, el apoyo financiero fue limitado: las granjas financiadas por el Banco Ejidal produjeron 17% de la cosecha de trigo, 19.6% de la de alfafa. 52.2% de la de arroz, 80.7% de la de algodón, 6 3% de la de café, 8.7% de la de azúcar, y 14% de la de frijol.

En 1938, la cosecha de trigo creció de 228 100 toneladas a 385 000 toneladas, con un 50% de apoyo financiero del Banco Ejidal.

5. La agricultura colectiva produjo más de la mitad del trigo, algodón, arroz y henequén.

En conclusión, el ejido desde el punto de vista de la burocracia política y del de la burguesía nacional que ésta representa, no fue un fracaso sino que tuvo algunos alcances importantes: la fuerza de trabajo fue fijada a la tierra y se rompieron las formas de explotación propias de los grandes propietarios; se atacó a la hacienda tradicional; la oferta de productos agropecuarios fue hacia los mercados urbanos: la productividad agrícola fue mayor en el sistema ejidal; una masa creciente de deudores del estado surge; los campesinos son ubicados en las áreas agrícolas, etcétera.

Toda esta política de distribución agraria. de conformación de una agricultura ejidal organizada y financiada por el estado, fue alentada y apoyada por un gran plan de carreteras, las que propiciaron la afluencia de productos agrícolas a los mercados urbanos; por otra parte, los sistemas de irrigación fueron desarrollados en función de las formas ejidales de producción agrícola. Desde 1940 con el modelo de desarrollo con inflación, y a partir de la década de los 50, con el modelo desarrollista estabilizador, el ejido se transforma en un catalizador de la lucha de clases; la distribución simulada o de tierras improductivas, unida al hecho de que la forma ejidal fuera desplazada por la agricultura neolatifundista comercial de exportación, convierten al ejido en un medio de contención de la lucha de clases en el campo. El ejido fue pulverizado por la división, la renta, el arrendamiento, la venta, etc., y el minifundio aparece como un producto de este proceso. El desempleo y la agricultura de autoconsumo aparecen en un polo, y en el otro, el neolatifundio o monopolio de la agricultura comercial de explotación. También aparece el proletariado agrícola como un "subproducto" de un nuevo camino en el desarrollo capitalista en la agricultura mexicana.

La agricultura sirvió como un medio de acumulación mediante la transferencia de ganancias vía diferencia de precios; soportó al sector industrial con materias primas y alimentos. Bajo su nueva estructura (el minifundio de autoconsumo y neolatifundio capitalista exportador), cumplió una buena parte de los requerimientos que el desarrollo industrial, por sustitución fácil de las importaciones, necesitó.

La agricultura produjo:

a) los alimentos para la población; b) cubrió la oferta de materias primas para la industria; c) permitió el incremento del coeficiente de importaciones a través de los excedentes de productos agrícolas exportados; d) transfirió el excedente a otros sectores de la economía a través del intercambio desigual (diferencia de precios del sistema financiero) ; e) desarrolló el mercado interno transformándose ella misma (la agricultura) en una rama de la economía, y en mercado de productos industriales.

¿En qué consiste esta polarización? ¿Cuál estructura de clases y qué nuevas contradicciones están presentes en el campo mexicano? ¿En qué medida esta situación condicionó la presente industrialización?

ESTRUCTURA POLARIZADA DEL SECTOR AGROPECUARIO (1970)

Granjas	Producto nacional bruto %	Día de trabajo; trabajo por año	Total de granjas %	Ingreso mensual (pesos)
1º Grupo autoconsumo	4	75-150	50	50-80
2º Grupo sub-familiar	17	250-350	33	500
3º Grupo granjas medias	25	500-600	13	1000
4º Grupo multifamiliar	22	600-1300	28	4000
5º Grupo neolatifundio	32	12-30	0.5	32000

FUENTE: Centro de Investigaciones Agrarias, México, 1970.

Del cuadro anterior, podemos sacar las siguientes conclusiones:

Del total de las granjas, 50% produjeron sólo el 4% de la producción nacional, mientras el 0.5% produjeron 32%. El 100% de las granjas de autoconsumo tenían sólo entre 75 y 150 días de labor y hombres-jornada por año para cubrir su subsistencia; 50% de las granjas del 2o. grupo mayores ocupaban trabajadores agrícolas. El cuarto grupo denominado multifamiliar, generó empleo para la granja familiar y absorbió fuerza de trabajo de la clase trabajadora de la agricultura. El 5o grupo generó un número pequeño de empleos, y concentró más del 30% de la producción en 12 000 granjas y los más altos ingresos mensuales producidos en la agricultura; el 3er. grupo más o menos grande que agrupa a la clase media rural, concentró la otra parte significativa de la producción (25%) y generó un ingreso medio con el 13% de las granjas.

La estrategia del desarrollo capitalista por medio del latifundio comercial, definió dos fenómenos: una agricultura bipolar y una nueva estructura de clases en el campo.

En la base de la pirámide podemos encontrar una clase trabajadora agrícola que no posee tierra (más de 3 500 000) y un minifundio de subsistencia. Al centro de la pirámide están los propietarios medios quienes explotan fuerza de trabajo (15.8% de los predios) y producen el 47% de la producción. En la parte alta de la pirámide están los grandes propietarios, quienes concentran la técnica (62% del capital) así como los más altos volúmenes de producción (53.5%) y el más alto ingreso con el menor número de hombres ocupados.

Resumiendo, podemos decir que en los últimos 35 años la agricultura mexicana ha tenido importantes cambios en su desarrollo capitalista. La reforma agraria cardenista rompió con la hacienda tradicional y los grandes propietarios, impulsando formas de organización ejidal con un resultado satisfactorio en el incremento de la productividad. Nuevos sistemas de apoyo financiero para el ejido fueron creados, así como también una nueva clase de propietarios, quienes dieron una mayor facilidad al desarrollo del sector agrícola. También se crearon las condiciones que permitieron el desarrollo del mercado interno y el impulso a la industria de bienes de subsistencia.

De otra parte, el desarrollo de la agricultura privada capitalista, la cual es ahora predominante, se vio también impulsada.

Esto significa que las reformas abrieron el camino a

la producción monopolista y a las relaciones capitalistas de producción en el campo. Al final del período de Cárdenas algunas modificaciones fueron hechas al Artículo 27 de la Constitución Mexicana (el volumen de hectáreas de tierra permitido a la mediana propiedad, fue aumentado). La renta, la parcelación, la venta del ejido surgieron como un proceso de concentración de la tierra y de formación del nuevo latifundio.

A estos hechos podríamos agregar también que en la época posterior al cardenismo la política bancaria cambió y privilegió a los propietarios privados; la distribución de los productos agrícolas fue aprovechada por los intermediarios y por los grandes productores; las organizaciones campesinas fueron controladas y subordinadas a los intereses de la burocracia política; se desarrolló en grandes proporciones el minifundio de subsistencia, etc. Todo esto nos permite concluir que el ejido devino un factor económico improductivo y un medio de control de la lucha de clases en el campo.

El rompimiento del ejido y ahora del nuevo camino monopolista de la agricultura encierra una insalvable contradicción bajo las condiciones de desarrollo económico dependiente y subordinado.

Al ejido no le es permitido restablecer su condición de unidad productiva y no puede ser, por tanto, un medio de control de la lucha de clases en el campo. Por otra parte, el papel de forma económica de creación de la renta absoluta y diferencial dado a la agricultura monopolista de exportación, la que atesora y no retorna la renta para desarrollar el sector agropecuario y así permitir el crecimiento del coeficiente de importaciones, trae como consecuencia la inhabilitación del sector para soportar el proceso de industrialización mediante la sustitución compleja de las importaciones.[1]

---

[1] "En 1968, el 52% de los campesinos se consideraba que vivía a nivel de subsistencia y tenía un capital de poco más de $ 6 000.00 para cada predio; 39% de su producción fue usada para su consumo y su ingreso anual per cápita fue redu-

Por tanto, el sector agrícola, que podría jugar un papel importante en el desarrollo industrial, dentro del período de sustitución compleja de las importaciones es transformado debido a la estructura bipolar en una nueva forma de las contradicciones de clase en el campo. La solución a esto no fue prevista en el modelo de desarrollo estabilizador, el cual no podía haber implicado el desarrollo del sector porque la política económica de la burguesía gobernante no estaba encaminada a ayudar y resolver las demandas de la clase campesina, sino por el contrario, a controlarlos y explotarlos a fin de generar o apoyar el proceso de industrialización subordinado y dependiente.

Durante los cinco últimos años, México ha tenido, como consecuencia de ello, que importar granos: en 1974 se importó 1 100 000 toneladas de maíz, 1 000 000 de trigo, 240 000 de sorgo, 13 000 de frijol, 10 000 de arroz (todos estos productos son básicos para el alimento de la fuerza de trabajo). En los últimos tres años los volúmenes de las importaciones de granos han ido aumentando.

Desde 1970, la balanza comercial de productos agrícolas ha sido deficitaria, la importación de granos es un hecho repetido, lo que hace que se empeore el déficit, ya que la exportación de productos manufacturados no permite cubrir la magnitud de lo que se importa.

La razón básica de este deterioro en el sector agropecuario, cuya más evidente expresión es la caída de la producción agrícola, está naturalmente en el rompi-

cido a $ 489.00. Por otra parte, las "modernas" granjas, las cuales representaron el 7% del total tenían un capital de más de $ 110 000.00 para cada granja. Tienen más del 71% de la tierra irrigada y su ingreso anual per cápita fue de cerca de $ 10 000.00 en promedio, es decir más de 20 veces el ingreso de los predios de subsistencia." M. L. Guzmán Ferrer, "Encuestas acerca de las características de la producción agrícola en México 1967-1968", *Comercio Exterior*, México, mayo de 1976.

miento del modelo de desarrollo agropecuario,[2] el cual
fue apoyado por la burocracia política después de
Cárdenas.

El sector está impedido de transferir ganancia incluso
mediante el monopolio como objeto de explotación. Está
también impedido de expandir la producción del sector
mediante la reinversión de altas tasas de renta diferencial
obtenidas (véanse cuadros 2 y 3 en el anexo). Y finalmente los productos tradicionales de exportación tienen
que ser importados para cubrir la demanda interna.

Desde 1970, la inversión en este sector ha caído debido
a la polarización que reduce la acumulación al mínimo
en el minifundio por ser éste de subsistencia. Por otra
parte, la agricultura de exportación no está interesada
en la reinversión y controla las transferencias de ganancias hacia otros sectores.[3]

Así, el sector agrícola, de ser un medio de incremento
de coeficiente de importaciones a través de la exportación, y de atraer divisas, devino en una producción
destinada a cubrir la insatisfecha demanda interna.

Los orígenes de esta conformación están en la estructura dual de la agricultura y en el resultado del desarrollo capitalista en el campo a través del neolatifundio. El
monopolio como un objeto de explotación, y la renta

[2] *Tasa de crecimiento del producto agrícola (%)*

Años	Total	Per cápita
1965-1970	1.2	— 0.1
1970-1974	0.2	— 3.1

FUENTE: M. L. Guzmán Ferrer, "Coyuntura actual de la agricultura mexicana", *Comercio Exterior*, vol. 25, núm. 5,
México, 1975.

[3] "La agricultura monopolista comercial no ha contribuido
con la reinversión, porque la política del gobierno federal no se
ha hecho con el fin de asegurar tales propósitos." M. L. Guzmán
Ferrer, "Coyuntura actual de la agricultura mexicana", *op. cit.*

diferencial I y II, representaron la forma de renta capitalista en la agricultura mexicana.[4]

En esas condiciones, los requerimientos de productos y materias primas necesarios para el proceso de sustitución compleja, encuentran serias limitaciones. Por otra parte, hay que tomar en cuenta el surgimiento de una política de industrialización, errónea, de excesivo proteccionismo, que tuvo como consecuencia una producción de baja calidad y altos costos lo que impide que puedan ser exportados los productos industriales para cubrir las necesidades de divisas que tal proceso de industrialización, mediante la sustitución compleja de importaciones, requiere.

Así, la reproducción interna del capital está restringida, y el endeudamiento externo es necesario para cubrir las presentes y futuras proporciones de la inversión en la industria en el modelo de desarrollo industrial por medio de la sustitución compleja de las importaciones.

El costo social de la estrategia del desarrollo capitalista por medio de la monopolización de la renta diferencial, no sólo no impidió la manipulación y el control de los campesinos, sino que ha creado una concentración de ingreso, y la existencia de un alarmante desempleo (3 500 000 de campesinos desempleados), los cuales presionan sobre los salarios (bajos) en el campo y sobre los trabajadores que están empleados en la construcción. Ésta absorbe las mayores cantidades de inmigrantes quienes forman las áreas suburbanas de miseria como la Ciudad Netzahualcóyotl.[5]

---

[4] Los nuevos grandes propietarios reciben la renta diferencial I y II debido a la concentración de su capital en tierras irrigadas, la concentración del crédito oficial y la infraestructura creada por el gobierno.

[5] De acuerdo con el Censo General de Población de 1970, el Sector Agrícola concentró 5 103.5 millones de la población económicamente activa, de los cuales, 3 484.3 millones fueron sub-empleados y representaron el 68.3% del total de la población empleada de la economía nacional.

El modelo de desarrollo industrial, a través de la sustitución compleja de las importaciones, se enfrenta a una
carencia de productos agrícolas para el remplazamiento
de medios de consumo y materias primas; por otra parte,
el sector está impedido de traer a la economía dominada
las divisas que la sustitución compleja de exportaciones
requiere, debido a los altos costos de remplazamiento
de los bienes de capital y el conocimiento tecnológico
que debe ser importado.

El sector agrícola, de otra parte, enfrenta contradicciones que le impiden satisfacer su propia oferta material
de mano de obra, y la masa de campesinos desempleados no encuentra plazas de trabajo en la industria.

¿Cuál es la base productiva creada por la industrialización subordinada para comenzar un proceso de desarrollo del Sector 1 productor de máquinas?

B. ESTRATEGIA Y LIMITACIONES DE LA INDUSTRIALIZACIÓN
   DEPENDIENTE, SUBORDINADA Y DE COMPLEMENTARIDAD
   DESIGUAL EN MÉXICO. (1940-1974).

El proyecto de industrialización implementado por la
burguesía mexicana en los 40 mediante la obligada forma
de sustitución de importaciones, ha alcanzado sus límites,
primero, en la estructura productiva subordinada, la
cual fue generada dentro de la economía interna por
este proceso, y, segundo, por el agotamiento de las bases
del así llamado modelo estabilizador.

Esas bases fueron:

1. Endeudamiento interno y externo,
2. Protección del estado a la industria interna,
3. La capacidad del sector agrícola para proveer las
   necesidades del mercado interno y externo y traer
   las divisas por medio de la exportación de productos
   agropecuarios,
4. Una política económica monetaria proteccionista

(emisión de papel moneda, tasa estable de intercambio, tasas altas de interés, alza de precios estable, etcétera).

5. El papel del capital monopolista del estado como medio de consolidación de fracciones de la burguesía nacional.

6. Una política flexible de parte del estado respecto de la inversión extranjera, la cual permitió la apropiación de las ramas estratégicas de la industria manufacturera por parte del capital monopolista extranjero.

Es necesario destacar la contradicción que fue generada por el carácter dependiente y subordinado del proceso de industrialización en la estructura productiva.[6]

a) *Proceso de formación de una estructura productiva "cerrada y parcial" (industrialización a través de la sustitución fácil de importaciones)*

El desarrollo industrial de México, según la información que nosotros tenemos, no ocurre en el tiempo, lugar, o la cualidad de los bienes sustituidos, propuesto por la CEPAL en su caracterización del desarrollo en América Latina.[7]

Mientras la CEPAL señala el comienzo de la industrialización a través de la sustitución de importaciones entre 1929 y la Segunda Guerra Mundial, en México la dinámica del proceso comienza en un momento histórico diferente y el tipo de bienes sustituidos tienen diferentes características.

[6] Oribe Alba y Rolando Cordera, en su ensayo: "México, Industrialización subordinada", usaron el concepto de subordinación para señalar una relación de subordinación a las más grandes corporaciones (las cuales dominan las relaciones de producción capitalistas) del desarrollo industrial de las áreas dependientes y dominadas del sistema capitalista. *TASE*, 4, vol. 1, México, 1971.

[7] *Boletín de CEPAL*, vol. IX, núm. 1.

Sugiero estudiar la industria manufacturera para observar el proceso de definición del Sector II y el incipiente desarrollo del Sector I, así como también las características que adopta la estructura industrial debido a la dependencia y subordinación. Para tal propósito en el capítulo III usaré un modelo para 1950, 1960, 1967 y 1970, rescatando la tabla matemática de la reproducción del capital social de Marx.

1. Orígenes de la industrialización a través de la sustitución fácil de las importaciones.

Las condiciones de acumulación del nuevo modelo de industrialización fueron creadas después de 1940 y se basaron en las reformas cardenistas, así como también el comienzo de la industrialización mediante la sustitución fácil de importaciones.

Sin embargo, los orígenes de la industria manufacturera en México datan de fines del último siglo, textiles, fundición de hierro, acero, producción de papel, de azúcar, tabaco, vidrio, cemento, lana y cuero, constituyen la producción industrial de fines del siglo XIX.[8]

El carácter de esta producción, así como también la estructura de la propiedad (predominio del capital extranjero sobre el capital nacional, del cual el 14% pertenecía al estado y el 9% era privado)[9] son determinantes que aparecen como constantes del desarrollo industrial y las cuales se hacen presentes en los diferentes estadios de la industrialización a través de la sustitución de importaciones.

En algunos países de América Latina, la crisis de

[8] F. Rosenzweig, "El desarrollo económico de México de 1887 a 1911", *El Trimestre Económico*, vol. XXXII, México, FCE, 1965, p. 444.

[9] En 1910 hubo 32 empresas con un capital de 109 millones de pesos, 25 de esas empresas con un capital de 92 millones, eran propiedad extranjera (53.2% francesas, 12.8% británicas, 15.3% norteamericanas, 3.7% alemanas). A. Gilly, *La Revolución interrumpida*, México, Ed. El Caballito, 1971.

1929-1933 fue ventajosa y en algún sentido impulsó el proceso de sustitución fácil de importaciones. Por esta época, México tenía un sector exportador tradicional, una estructura productiva relativa al sector agropecuario, un sector extractivo y cierto desarrollo del aparato productivo industrial.[10] Alimentos, textiles, ropa, calzado, vidrio, cemento, hierro, papel, etc. llenaban gran parte de los requeri-. mientos del mercado interno de bienes de subsistencia, antes de que la crisis impusiera su producción interna por sustitución de importaciones.

La reforma cardenista (1934-1940) : reforma agraria; proceso de creación de un sector de la economía mediante la nacionalización del petróleo; el transporte e industrias varias; la creación de bancos de financiamiento (NAFINSA); la organización de las centrales obrera y campesina; la participación creciente del estado en la economía mediante un Plan Sexenal, y una serie de medidas de fomento industrial. Estas reformas, que constituyeron un proceso avanzado de democracia burguesa, sentaron las posibilidades de un desarrollo industrial que estaba limitado por las condiciones políticas y sociales existentes; al desarrollar la infraestructura básica y abrir el mercado interno mediante las reformas sociales y políticas, las condiciones del proceso acelerado de sustitución fácil, estaban creadas.

México inicia un proceso de sustitución fácil de las importaciones a partir de 1940;[11] en él, la industria

[10] Para 1929, las principales industrias acorde al valor de su producción fueron: azúcar, 52.9 millones de pesos; trigo, 52.9; molinos de nixtamal, 43.8; cerveza, 43.1; cuero, 35.5; estaciones de servicio, 30.4; impresos, 26.6; zapatos, 24.0; jabón, 22.2; hierro y acero, 22.1; arroz procesado, 18.8; manufacturas de algodón, 16.5; y algunos otros: vestidos, papel, industria, bonetería, henequén, cemento, etc. G. Aguilera, *op. cit.*, p. 61.

[11] "Para 1950 la participación de los bienes de consumo en las importaciones totales era de 17.6% y decrece a un 12.7% en 1969. El índice de sustitución de importaciones para bienes de consumo no duraderos, se reduce un 68%: de 0.22, en 1939, a 0.07% en 1950." René Villarreal, "Del proyecto de creci-

manufacturera tiene un papel muy importante[12] y estructura un aparato productivo propio de economías dependientes, complementarias y subordinadas.

Ilustremos el desarrollo de la industria manufacturera con los siguientes criterios:

1) Lugar de la industria manufacturera en los diferentes sectores de la economía.

2) Desarrollo de la industria manufacturera: principales ramas en lo referente a la producción, a la creación del producto interno bruto. Creación de empleo proveniente de la manufactura. Principales productos y volúmenes de producción, industria manufacturera. Diversificación del aparato productivo. Formación interna bruta de capital. Presencia del capital extranjero en la economía. Estructura del comercio exterior.

i. Lugar de la Industria Manufacturera en los diferentes sectores de la economía.

a] Cambios en la creación del PIB. La industria de transformación dentro de la creación del PIB en los últimos 30 años, ha mostrado cambios sustanciales; las industrias extractivas pierden su importancia en la generación del ingreso; los servicios crecen significativamente hasta tener un promedio del 50% del PIB. En ellos el comercio ocupa el papel predominante. La manufactura respecto de las otras ramas de la economía, y en particular en relación a la agricultura, adquiere el papel hegemónico y es la manufactura el principal generador del producto interno bruto en 1970 dentro de toda la economía nacional.

La industria se transforma en los últimos 30 años en

miento y sustitución de importaciones al desarrollo y sustitución de exportaciones", *Comercio Exterior*, marzo de 1975, p. 317.

[12] "Para el sector manufacturero en su conjunto, la participación de las importaciones en la oferta total decrece un 28% (el índice de sustitución decrece de 0.45 a 0.31 en el período 1940-1950)." R. Villarreal, *op. cit.*, p. 317.

la actividad más importante de los diferentes sectores
de la economía nacional; la industria aportó en volumen en 1950, 23 467 (27% del PIB) millones de pesos,
en 1960 incrementó su volumen en un 100%, 43 933 millones (29.2% del PIB), en 1972 alcanzó la cifra de
114 591 millones, un 300% respecto de 1964 y significó
el 35% del PIB.

La industria tuvo las tasas mayores de incremento
anual: de 6.5% en 1950-1960, a 8.8% en 60-70, en 1971,
la tasa de incremento declinó hasta el 3.1%, la más
baja de los 20 años (50-70), por efecto de la crisis
internacional del sistema capitalista, y alcanza una cifra
récord en 1972 con un 9.4%, una reanimación efímera,
para declinar en 1975-1976 por efecto de la crisis estructural y la recisión coyuntural interna.

De los cuadros 4 y 5 en el anexo se desprende que
de 1940 en adelante, la industria se ha transformado en el
factor dirigente y principal de la economía. Se puede
observar una declinación de la participación de la agricultura en el PIB de un 11.7% en 1950, y de un 9.8%
en 1960; pasa a sólo un 7.1% en 1970 y a un
6.4% en 1972.

Frente a esta declinación, la participación de la industria en el PIB (en este período 1940-1972) es la más
importante del aparato productivo sobre todo en comparación con el volumen de lo producido por la agricultura;
mientras en 1940 es casi 4 veces, en 1970 y 1972 es
5 veces mayor la producción industrial que la agrícola.

En relación con su participación en el PIB la industria
que en 1950 contribuyera con el 27%, inicia un proceso
ascendente: 29.2% en 1960, 34.4% en 1970, 34.7%
en 1972. Así, la industria comparte con el comercio y los
servicios la posición predominante en la generación
del PIB, pero por ser su función la creación de los bienes
materiales de la sociedad, este sector se ha transformado
en el más importante dentro del funcionamiento de
nuestra economía en los últimos 30 años.

Se desprende también una conclusión respecto de la
estrategia del desarrollo capitalista en México: de 1940

en adelante, las industrias extractivas pierden su importancia decisiva en la geenración del PIB; *es la industria de transformación la que pasa a constituirse en el factor dirigente*. La minería, que en 1940 aportara un 4%, llega al 1.5% en 1967, y al 1.0% en 1970; la manufactura, en cambio, de un 17.8% en su participación en el PIB en 1940, pasó a un 19.2% en 1960; en 1965 a un 21.5% y a un 22.8% en 1970.[13]

De la nota 13, se ve que, en términos de valor, las manufacturas han aportado más del doble de lo que aportó la minería, el petróleo, la energía eléctrica y la construcción juntas en 1960, 1965 y 1970. Incluso el petróleo, que se ha presentado como un factor estratégico para el desarrollo, según declaraciones del secretario de Patrimonio Nacional y del presidente de la República, será procesado y se exportarán fundamentalmente derivados, lo que supone que la industria de transformación incrementará su participación en forma acelerada, respecto de los otros sectores en las próximas décadas.[14]

[13] PORCENTAJE EN LA GENERACIÓN DEL PIB (PRODUCTO INTERNO BRUTO), POR SECTORES. 1960-1970.
(Millones de pesos)

Ramas	1960	%	1965	%	1970	%
Minería	2 306	1.5	2 429	1.1	2 859	1.0
Petróleo	5 128	3.4	8 015	3.8	12 675	4.3
Manufacturas	28 892	19.2	44 761	21.1	67 680	22.8
Construcción	6 105	4.1	8 534	4.0	13 583	4.6
Electricidad	1 502	1.0	2 769	1.3	5 357	1.8

FUENTE: Banco Nacional de Comercio Exterior, S. A., México, 1970-1973, pp. 52 y 56.

[14] "Con relación a la tasa de incremento, es posible observar que la electricidad es la industria más dinámica; ella creció en 13.6% entre 1960-1970; la petroquímica cayó al 9.5% y la manufactura al 8.9% en el mismo período; de otra parte, el sector primario tuvo las más bajas tasas de crecimiento. G. Aguilera, *op. cit.*, p. 86.

ii. La transformación de la estructura del empleo
en México. (1940-1970).

El cuadro 5 (véase el anexo), nos permite señalar la
importancia de la creación de puestos de trabajo y de
la captación de la población económicamente activa
por las diferentes ramas de la economía; establezcamos
aquí tres relaciones básicas para destacar el ritmo y el
rumbo de la absorción de mano de obra por el sector
industrial:

Primera: la industria respecto de las otras actividades
incrementa su participación porcentual en la población
económicamente activa de 15.5% en 1940, a 18.9%
en 1950, y hasta 22.9% en 1970.
En las actividades primarias, entre las cuales la agricultura representa los mayores volúmenes, su participación en la población económicamente activa va decre-
ciendo desde un 65.4% en 1940, a 57.8% en 1950, a
54.3% en 1960, hasta 39.4% en 1970. En términos, absolutos, estas actividades primarias pasaron de 6 134 000
hombres ocupados en 1960, a 5 104 000 en 1970. Los
servicios (en los que el comercio es predominante) han
presentado los mayores incrementos: 19.1% en 1940,
26.3% en 1950, a 26.8% en 1950, hasta 37.7% en 1970;
esto último es un indicador de la importancia que con
el desarrollo de la industria adquiere el comercio y por
otra parte, confirma lo que Marx decía respecto de las
sociedades capitalistas desarrolladas: "...en ellas la
mercancía aparece tanto en calidad de premisa (condición de existencia) elemental y constante del capital,
como, por otra parte, resultado inmediato del proceso
capitalista de producción".[15]

Segunda: la importancia de la manufactura dentro de
las diferentes ramas de la industria en el incremento

---

[15] Karl Marx, *El Capital*, libro I, cap. VI (inédito), México,
Siglo XXI, 1971, p. 109.

de captaéión de la población económicamente activa. El número de obreros ocupados por la manufactura es creciente a partir de 1940: de 670 000, aumentó a 1 556 000 en 1960, y a 2 169 000 en 1970. Los volúmenes de obreros ocupados en la industria extractiva han permanecido estacionados en los últimos 30 años. La construcción ha incrementado, en segundo término después de la manufactura, el número de obreros, de 106 000 obreros ocupados en 1940, a 225 000 en 1950, a 408 000 en 1960, hasta 571 000 en 1970.

Este aumento, de alguna significación, representa el hecho de una captación de los inmigrantes que vienen del campo y que se incorporan como obreros en la construcción y en los servicios.[16]

Tercera: finalmente, de la estructura ocupacional se desprenden los cambios en la estructura de clases de la sociedad mexicana, por virtud del desarrollo de las fuerzas productivas de la sociedad.

El proletariado industrial producto del desarrollo económico, se ha definido como la clase hegemónicamente más importante y como el factor decisivo de las luchas de la clase oprimida, así de 909 000 obreros en 1940, pasó a 2 147 000 en 1960, y a 3 000 000 aproximadamente en 1970.[17] La industria manufacturera, por cierto la de mayores volúmenes de producción y tasas de crecimiento dentro del sector industrial, absorbe el 90% de estos incrementos.

Es de señalar que la creación de puestos de trabajo no responde al crecimiento de la PEA en la manufactura,

[16] Según resultados de una encuesta publicada en el periódico *Últimas Noticias de Excelsior* del 10 de mayo de 1975, llegan a la ciudad de México 2 000 personas buscando trabajo diariamente, unos 700 000 al año, procedentes del campo.

[17] Dan cuenta de la importancia del proletariado como clase hegemónica del bloque de clase dominada, Alejandro Alvarez y Elena Sandoval en el artículo "Desarrollo industrial y clase obrera en México", *Cuadernos Políticos*, abril-junio de 1975, México, Ed. Era.

y para 1970 existía un déficit de 600 000 desocupados en esta rama.

Los otros agrupamientos importantes pero no decisivos los constituyen los campesinos, una masa de 5 millones promedio en los 30 años (1940-1970), de los cuales, 3 484 300 estaban subocupados en 1970, es decir, carecen de tierras y/o un ingreso mínimo de subsistencia; finalmente, los trabajadores del comercio y los servicios alcanzan cifras de 1 196 000 y 2 156 000, respectivamente, en 1970; aquí también la desocupación está presente: existía para 1970 un déficit de 373 000 y 842 000 puestos de trabajo respectivamente.[18]

Destacada ya la importancia de la industria dentro de los diferentes sectores, y dentro de ella, la industria de transformación, veamos qué cambios ha sufrido la estructura productiva en la rama de la manufactura, y cómo se definió un Sector II de bienes de consumo y un Sector I productor en pequeña escala de medios de producción durante los últimos 30 años.

2. Desarrollo de la industria manufacturera

i. Producción de manufacturas: formación del Sector I y del Sector II (1940-1950). En su clásico libro *Industrial Revolution in Mexico*, Mosk hace un exhaustivo análisis del proceso de industrialización en general, y en particular de la industria de la manufactura en la década de los 40. Para 1939, el autor señalaba, en orden de importancia por su aporte al Producto Interno Bruto, las siguientes ramas de la manufactura: 1) textiles de algodón; 2) textiles de lana; 3) rayón; 4) ropa; 5) molienda de harina; 6) cerveza; 7) envases y preservación de alimentos; 8) aceite vegetal; 9) azúcar; 10) hierro y acero; 11) cemento; 12) vidrio; 13) zapatos; 14) jabón; 15) tabaco y cigarros; 16) cerillos; 17) caucho; 18)

---

[18] FUENTE: Censo General de Población, 1970, SIC.

papel; 19) alcohol (no se incluye la industria química en este grupo).[19]
La conformación del Sector II de bienes de consumo, define el carácter del producto, bienes de subsistencia en lo fundamental, y estructura del aparato productivo conforme a la demanda de estos bienes por el mercado interno en pleno proceso de expansión a raíz de las reformas cardenistas.

Las industrias metal básicas estaban en el grupo de las 10 principales actividades y, aunque incipientes en su desarrollo, están en la perspectiva y objetivos de los hombres de negocio (iniciativa privada),[20] y en los objetivos de la política económica de desarrollo industrial del gobierno; prueba de esto último son las medidas de nacionalización del petróleo y de los ferrocarriles y el impulso a la infraestructura y la política proteccionista y de fomento industrial de los gobiernos posteriores a Cárdenas respecto del sector privado.

Las industrias de bienes de subsistencia incrementaron su producción de 1939 a 1947 en cuanto a volumen en forma considerable; si tomamos las 10 principales industrias dentro de la rama de la manufactura, se puede observar que la de mayores incrementos es la de envase y preservación de alimentos, la cual, para 1947, tenía un 347% de incremento respecto de 1939 (tomando como base este año el 100%). En las industrias de textiles

[19] Sanford A. Mosk, *Industrial Revolution in Mexico,* Russell and Rusell, Nueva York, 1975, p. 115, publicado en español en *Problemas Agrícolas e Industriales de México.*

[20] Esta línea de pensamiento aunada a la sugerencia de que "la iniciativa privada, fuertemente apoyada por el gobierno, quisiera inmeditamente establecer en México al menos, tres centros de industria pesada en México, (D. F.), Guadalajara y Monterrey". "Éstas son vistas como los núcleos industriales de la nación y las bases sobre las cuales la gran industria se establecerá. Ellas estarán designadas para cubrir las necesidades de la industria mexicana para: electricidad, petróleo, química, hierro y acero, maquinaria y herramientas. Simultáneamente la agricultura y los transportes podrían satisfacer sus requerimientos de bienes y servicios desde los flujos de esos centros industriales." Sanford A. Mosk, *op. cit.,* p. 37.

de algodón, el índice de incremento del volumen de producción, que era de un 131% en 1942, pasó a un 164.9% y a un 146.5%, en 1947; la cerveza, los cigarros, los cerillos, el calzado y el azúcar tuvieron incrementos significativos en este período. (Véase cuadro 6.)

En cuanto al aporte al producto interno bruto, las industrias de alimentos (conservación y envase de alimentos, pan, tortillas y otros), ocuparon un lugar dominante; en 1950, su aporte fue de 595 000 000, 2 189 000 000 y 1 429 000 000 de pesos respectivamente; las industrias de bebidas, textiles, calzado y trabajo aportaron en segundo término al producto interno bruto 1 057 000 000, 1 960 000 000, 1 823 000 000 y 570 000 000 de pesos respectivamente. (Véase cuadro 8).

El Sector II alcanza una gran significación por su mayor diversificación, según las industrias agrupadas por las cuentas nacionales; éstas son alrededor de 28 ramas. Sus insumos o consumo intermedio, como se desprende del cuadro 8, fueron los más significativos de toda la industria manufacturera.

En lo que se refiere al desarrollo del Sector I, productor de medios de producción, inicia en esta etapa (1940-1950) un desarrollo, aunque no preferente, sí de segundo orden en la estructura productiva de nuestro país. El hierro y el acero ocuparon un segundo lugar en el volumen de la producción manufacturera, según los índices elaborados por Mosk. (Véase cuadro 7.) Si se señala que son los años de la segunda guerra mundial, se puede observar que las restricciones en la importación y los precios altos del mercado mundial del hierro y del acero, permitieron estos incrementos en cuanto a volumen y en cuanto a valor.

Para 1950, las industrias metálicas básicas: las de fabricación y reparación de productos metálicos, las de construcción y reparación de maquinaria, las de aparatos, accesorios y artículos eléctricos, las de construcción y reparación de equipo y material de transporte, de construcción de vehículos automóviles, en conjunto, aportaron 4 308 000 000 al producto interno bruto, definiéndose como el segundo grupo de industrias en importancia en la generación del ingreso dentro del aparato productivo en México. (Véase cuadro 8.)

La industria de transformación en el quinquenio 1935-1940, incrementó el número de establecimientos en más del 50%; la inversión y el volumen de producción creció en un 500%, y el número de empleados se duplicó. (Véase cuadro 9.)

Los acervos de capital para el Sector II, productor de bienes de consumo, alcanzaron en 1950 la cifra de 44 353 000 000, y para el Sector I, semiproductor de bienes de producción, el acervo de capital en 1950 fue de 10 188 000 000 (pesos de 1960).

Para la distribución por ramas de estos acervos se puede ver el cuadro 10.

La remuneración a los asalariados en las industrias de bienes de subsistencia (filas 8 a 15 de las cuentas nacionales), fue de 5 220 000 000 en 1950, (cuadro 12).

En un cálculo de Mosk para 1940, el pago en sueldos y salarios en la industria de transformación fue de 568 000 000, 10 veces menor que en 1950. (Véase cuadro 8.)

Los salarios pagados al Sector I, productor de medios de producción, (filas 29 a 34 de las cuentas nacionales), fueron 2 166 000 000 de pesos en 1950. (Véase cuadro 8.)

Las asignaciones por consumo de capital fijo de toda la industria de transformación, fue en 1950 de 2 164 000 000, correspondiendo 388 al Sector I; y 2 164 000 000 al Sector II, que agrupa la producción de bienes de consumo, y cuyas ramas quedaron especificadas más arriba. (Véase cuadro 8.)

Según datos de la matriz de insumo producto de 1950 (a precios corrientes), el producto social global de la industria de transformación fue de 21 148 000 000; el producto interno bruto fue de 9 708 000 000. De éstos las exportaciones captaron 2 316 000 000, y el resto, 6 041 000 000, correspondieron a la demanda interna en la cual, la propia industria, el comercio y la agricultura absorbieron la parte más considerable.[21]

En resumen: La información presentada da una imagen de la importancia que adquirió entre 1940-1950 la industria de transformación: se consolidan ramas importantes de bienes de subsistencia y se inicia un desarrollo de las industrias metal-básicas y las de construcción de maquinarias, entre ellas: maquinaria agrícola; maquinaria, accesorios eléctricos, y transportes. Estas industrias se diversificaron en las décadas 30-50 y se culminó de este modo con el proceso de industrialización mediante la sustitución fácil de las importaciones.[22]

En esta etapa del desarrollo económico de México, se reduce la importancia y papel del capital extranjero[23] como consecuencia de las nacionalizaciones y de la crisis del sistema mundial capitalista expresada en la segunda

[21] Es de hacer notar las diferencias entre las cifras que proporcionaron las cuentas nacionales y las que se derivan de la matriz. Las presentamos, no obstante, porque al informar los precios a un año base o bien a precios corrientes, se pueden establecer correlaciones significativas. En este trabajo presentaremos datos de las matrices de 1950, 1960 y 1970 para tales efectos; estos datos fueron agrupados conforme a la matriz de 1950 y a precios corrientes; la de 1970 es una proyección de la de 1960. Otras fuentes pueden ser tomadas en cuenta al respecto: Louis M. Goreux y Alan S. Manne, *Multi-level planning: case studies in Mexico*, North-Holland Company, 1973; Leonel Corona Treviño, *Selección y uso de tecnologías en México*, Instituto de Ingeniería, México, 1974.

[22] "La primera etapa de sustitución de importaciones (sustitución de bienes de consumo) tiene lugar y prácticamente se agotó en el decenio de los 40. Para 1950 la participación de los bienes de consumo en las importaciones totales era sólo de 17.6%. El índice de sustitución de importaciones de consumo no duraderos se reduce 68%, de 0.22 en 1939 a 0.07 en 1950." René Villarreal, *op. cit.*

[23] "Entre 1939 y 1950 el ahorro interno financió en promedio el 92% de la inversión total anual y el resto, el 8%, se financió con recursos del exterior." Alfredo Navarrete, *Instrumentos de política financiera mexicana*, México, SELA, 1963, p. 34, citado por Soto Angli y otros, en *El papel de los grupos financieros privados en el desarrollo del capitalismo mexicano*, tesis Facultad de C.P. y S., UNAM, México, 1972.

guerra mundial y en la reconstrucción de la devastación fascista.

El estado define también su papel significativo en la economía al desarrollar el área estatal de la economía y al servir como vehículo de consolidación, en lo económico, de segmentos de la burguesía nacional.

La estructura productiva, como hemos señalado más arriba, tiene su origen en los fines del siglo pasado y sólo después de 1940 la industrialización tiene lugar como un proceso dictado por las condiciones de acumulación interna más que por los desajustes en el comercio mundial, como observan los teóricos de la CEPAL; estos desajustes influyen pero no deciden en esta etapa las condiciones de la acumulación en México.

Sin embargo, esta industrialización guarda las condiciones de subordinación y de dependencia; basta observar que el principal mercado de exportación de materias primas viene a ser cada vez más Estados Unidos, y el principal proveedor de bienes de capital en adelante lo será él, por cuanto se cumple un proceso de definición de su hegemonía después de la segunda guerra mundial.

En América Latina tal dominio lo ejercerá Estados Unidos a través de políticas neocoloniales que van, desde el buen vecino, hasta la intervención directa como en Santo Domingo en 1967, o financiando aventuras mercenarias en contra de los procesos de independencia nacional, como lo fue la fracasada invasión de Bahía de Cochinos en la República Socialista de Cuba en 1961, y la desestabilización y derrocamiento del gobierno constitucional de Salvador Allende en Chile.

La penetración del capital norteamericano aprovechará la acumulación del capital, lograda por la política de sustitución de importaciones, e iniciará un proceso de penetración de aquellas industrias de transformación más desarrolladas y financiará con el empréstito y la inversión directa, en alguna medida, el proceso. Así, el neocolonialismo se hace presente en América Latina por otros medios: la toma de los sectores estratégicos de la economía —industria, banca y comercio.

b) *Las tendencias recientes de la industrialización (1960-1973)*

¿Cuál es el comportamiento de la estructura productiva en los Sectores I y II en el período 1960-1973?

1. Producción y capital en la industria manufacturera

La producción bruta de la industria de transformación pasó de 21 148 000 000 en 1950, a 74 516 000 000 en 1960, y a 218 389 000 000 en 1970; las cifras indican que en la primera década 1950-1960 más que se triplicó, y en la segunda 1960-1970, respecto de la primera, también se incrementó la producción manufacturera en un 300%.

i. Formación interna de capital en la industria de transformación. ¿Cuál ha sido el proceso referido a la economía, a la industria y dentro de ella, a la industria de transformación en la creación de capital fijo en los últimos 30 años?

De la información que se desprende de las matrices de insumo producto, la formación interna de capital fijo fue en 1950 de 3 687 000 000 por parte del sector privado, y de 1 085 000 000 aportada por el sector gobierno; la parte correspondiente a la industria de transformación en el mismo año, fue de 515 000 000 y 60 000 000, respectivamente, ocupando dicha rama el segundo lugar, después de la construcción, dentro de la economía como un todo.

Para 1960, las cifras se incrementaron cerca de un 700% en la economía nacional, en lo que se refiere al aporte del sector privado con 21 196 000 000 y 3 571 000 000 en el aporte hecho por el gobierno; de esta cifra, correspondieron a la industria de transformación 2 885 000 000 y 82 000 000 referidos respectivamente a los dos sectores mencionados.[24] Las cifras de inversión sólo se pueden obtener de la matriz (proyectada) 1970 para el sector privado, y éste alcanzó 90 311 000 000; un incremento de 4.5 veces en 10 años en lo que respecta a todas las ramas de la economía; la parte correspondiente a la industria de transformación aportada por este sector, fue de 8 967 000 000.[25] Para esos años éste fue casi 50% más alto.

De otras fuentes se pueden apreciar los datos referidos a la formación interna de capital fijo, aportado por el sector gobierno en 1950; éste participó con el 55% de la inversión bruta fija; en 1960 con el 37%; en 1970 con el 38%; en 1972 con el 34% y en 1973 con el 41%. La inversión privada bruta fija en cuanto a valor, es superior en estos años en casi un 50%, en 1950 esta inversión fue de 2 168 000 000; en 1960 subió en 700% hasta 14 454 000 000; en 1970 se incrementó 4 veces respecto de 1960, hasta 50 931 000 000, y en 1973 llegó a representar 20 000 000 000 más que la inversión del gobierno, que fue de 72 690 000 000. (Véase cuadro 14. Núm. 13a.)

De estos primeros datos podemos extraer algunas conclusiones de primera importancia: en los 30 años, la formación interna de capital fue creciente y a tasas del 700% en la primera década y del 400% en la segunda; el aporte fundamental fue hecho por el sector privado. Esto es indicativo de una política económica del estado mexicano, la que ha sostenido el proyecto de industria-

[24] "Entre 1950 y 1963, la inversión privada absorbió, en promedio, el 56.5% del total de la inversión; al sector público correspondió el 43.5%; para 1965 este porcentaje cayó al 40%; al 38% en 1970, y al 41% en 1973. No obstante, dadas las condiciones en que se realiza dicha inversión —la pública— su propósito de estimular y complementar a la inversión privada, es ésta la que ejerce mayor influencia en el proceso de desarrollo." Analfi Martínez, Ana Hisch, Rosa M. Gutiérrez, Roberto Herrera, *La política industrial de México*, Fac. de Ciencias Políticas y Sociales, UNAM, México, 1967.

[25] Véase matriz de insumo producto de 1970.

lización de los sectores privados extranjeros y nacionales.
Es posible que las contradicciones generadas por el
desarrollo del modelo estabilizador, el cual menciona-
remos después, puedan funcionar como la base del nuevo
modelo de desarrollo sectorial, en el que el estado asume
el papel más activo en el proceso de desarrollo del sector
público de la economía, energía y metales básicos en
particular.

La industria manufacturera, la construcción y el comercio fueron las actividades que absorbieron el mayor
monto en los 20 años, ocupando la industria manufacturera el tercer lugar de importancia. Pero como una
actividad ligada al sistema productivo, su importancia
es mayor aún.

2. Concentración y centralización de capital en la
   industria (monopolización)

Una importante característica de las recientes tendencias de industrialización en México, es el alto nivel de
concentración y centralización, que ha resultado de la
monopolización de los principales sectores de la economía: industria, comercio, finanzas y agricultura.

Este proceso, como hemos subrayado, es el resultado,
entre otros factores, de la presencia del capital monopolista extranjero en los sectores antes mencionados, así
como también de la fusión entre los capitales extranjero
y nacional en empresas mixtas, y finalmente, es el resultado del capitalismo monopolista de estado, el cual está
siendo impulsado por la burocracia política a través
de los sectores nacionalizados que operan dentro de la
economía.

Esta característica (la monopolización de la economía), desarrollada recientemente, define un aspecto de
la subordinación de los aparatos comercial, financiero y
productivo de la economía mexicana: éstos no pudieron
alcanzar su forma clásica a causa de la presencia del
capital monopolista extranjero, el que con eso tuvo subordinada a la estructura industrial imponiendo un desarro-

llo desigual y concentrado, un mercado con formas monopólicas de realización y una alta concentración de finanzas con sistemas, cuya operación de capital está altamente centralizada. Las cifras de la industria manufacturera respaldan este punto de vista. En 1960, 407 empresas, con una producción mayor a los 50 000 000 de pesos, se apropiaron del 28.5% del capital y contribuyeron con el 33.3% de la producción bruta; en 1965, esas 407 empresas controlaron el 46.3% de la producción bruta, y se apropiaron de un 46.6% del capital.

De acuerdo con la investigación realizada por Gustavo Aguilera[26] sobre la concentración industrial en 1970, las grandes empresas, cuyo capital excedió los 50 000 000 de pesos, controlaban el 56.1% de la producción, presentando las más altas tasas de crecimiento del valor de la producción (16.2%); tuvieron, no obstante, el menor número de establecimientos (771), pero contaron con la mayor cantidad de capital invertido (86 585 000 000 de pesos, 55.4% del total) y el mayor promedio de la tasa anual de inversión (14.2%).

La relación capital producto creció a lo largo de toda la industria de transformación, pero en las 771 grandes empresas hubo una tasa de crecimiento de 1.26 en 1965, la que fue elevada a 1.38 en 1970.

El crecimiento del capital invertido en la industria, y la adopción de tecnología ahorradora de trabajo, crearon una ascendente composición orgánica del capital, así como un subempleo en la industria y un creciente número de cesantías, lo cual, junto con la población flotante de trabajadores migratorios de las áreas rurales, forman un gigantesco ejército de desempleados, el cual existe en México en forma permanente.

La creciente monopolización a la cual la industria manufacturera se ha expuesto, contribuyó a este proceso de desocupación: en 1965, las 771 grandes empresas emplearon únicamente un 20.9% de la población econó-

[26] G. Aguilera, *op. cit.*

micamente activa, y en 1970, sólo un 29.5%.

La formación interna de capital constante y variable será mostrada en el capítulo IV de este trabajo; con ello, únicamente mostraremos las tendencias actuales a la monopolización.

3. Definición del Sector II (productor de bienes de consumo)

Para establecerlo en una medida más adecuada cualitativamente, veamos cómo se han incrementado los acervos de capital total en la industria de transformación en el Sector II.

En cuanto al Sector II de bienes de consumo, las cifras hablan de su diversificación y de su definición como el sector dirigente de la industria en el período estudiado (1950-1960-1970).

Para 1950, los acervos de la industria de bienes de consumo fueron de 44 353 000 000 de pesos; el incremento de estos acervos, en orden de importancia, en el Sector II fue:

1) La extracción y refinación de petróleo.
2) Manufacturas de productos alimenticios (excepto panadería y tortillería, carne y productos lácteos).
3) Textiles.
4) Nixtamal, panadería y tortillas.
5) Fabricación de productos minerales no metálicos.
6) Bebidas.
7) Calzado y vestido.
8) Madera y corcho.
9) Conservación de carnes y lácteos.
10) Papel.
11) Imprenta.
12) Jabón y detergentes.
13) Fibras sintéticas, resinas y materiales plásticos.
14) Productos farmacéuticos.
15) Productos de hule.
    (Véase cuadro 11 de acervos de capital.)
Los mayores acervos de capital en esta etapa los reci-

bieron las industrias de bienes de subsistencia y las industrias de productos intermedios. En 1960, los bienes de subsistencia incrementaron cuantitativamente su participación en la generación del producto interno bruto: los alimentos manufacturados, la producción de pan y tortillas, el calzado y el vestido; los hilados y tejidos de fibras blandas; la elaboración de bebidas. Éstos fueron, en orden de importancia, los mayores volúmenes dentro del PIB en la industria de transformación; la industria de conservación y envase de alimentos de carnes y lácteos, aunque mantuvo un alto volumen de producción, perdió su papel hegemónico respecto de las otras. (Véase cuadro 12.)

En 1967 y en 1970, los alimentos manufacturados siguieron, en primer término respecto de 1960, en el volumen de producción en valor dentro del Producto Interno Bruto, de 3 811 000 000 en 1960, a 5 717 000 000 en 1967; la producción de pan y tortilla ocupó el segundo lugar yendo de 3 027 000 000 en 1960, a 4 187 000 000 en 1967; y en 1970, el valor total de la producción de alimentos fue de 38 071 000 000 (de pesos. de 1970). La producción de calzado y vestido pasó de 2 341 000 000, en 1960, a 3 560 000 000, en 1967, y 8 189 000 000 en 1970; los hilados y tejidos y otros textiles aportaron al Producto Interno Bruto en 1960 2 711 000 000, en 1967 4 197 000 000 y en 1970 15 360 000 000 (el salto en valor aquí se debe a que las cifras de 1960 y 1967 están a precios de 1967, y las de 1970 están a precios corrientes); la elaboración de bebidas en 1960 fue de 1 872 000 000 a 2 771 000 000 de pesos en 1967, y a 11 815 000 000 en 1970. La conservación y envase de alimentos de carne y lácteos pasó del noveno lugar en la participación del PIB en 1960, al treceavo lugar en 1967. (Véase cuadro 13 y cuadro 12.) [27]

[27] "Para 1940, la rama alimenticia participaba con el 38.5% de la producción manufacturera, en tanto que la de los textiles lo hacía con el 30.16%. En cambio, para 1955 su participación había declinado enormemente, correspondiendo respectivamente el 24.25% y 18.52%." Emilio Vera Blanco, en *México: 50 años*

Se puede decir que la diversificación y crecimiento del sector productor de bienes de consumo, permitió cubrir la demanda interna de estos bienes y alcanzar los límites del proceso de sustitución fácil de las importaciones creando las condiciones de reproducción del capital y la fuerza de trabajo para iniciar un proceso de sustitución compleja de las importaciones; éste se iniciará por los requerimientos de bienes de producción del Sector II, en particular la industria de transformación y el sector agrícola.

4. La definición del Sector I (productor en pequeña escala de medios de produción).

Las industrias metálicas básicas ocuparon el sexto lugar dentro de la industria de transformación en la generación del Producto Interno Bruto en 1960, con un valor de su producción de 1 786 000 000; en 1967 pasan al cuarto lugar con 3 660 000 000, ¡casi un incremento del 300%! En 1970 ocupan el tercer lugar precedidos sólo de los productos químicos y los alimentos; el valor de su producción alcanzó en 1970 los 24 080 000 000 de pesos, aunque se trata de una cifra a precios corrientes; ella representa el 10.12% del total de la industria nacional.

Dentro del Sector I se encuentran en orden de importancia en cuanto al PIB generado en 1967, las siguientes industrias:

1) Industrias metálicas, fundiciones de fierro, bronce y otros metales.
2) Construcción y reparación de maquinaria, aparatos, accesorios y artículos eléctricos.
3) Construcción de vehículos automóviles.

de Revolución, México, Fondo de Cultura Económica, citado por Gustavo Aguilera, *op. cit.*, p. 68. En el cuadro en que Vera Blanco presenta el porcentaje de crecimiento de las décadas 1940-1950 y 1950-1959, el orden de importancia es, primero el hule, el papel y las bebidas; segundo los productos alimenticios, y en tercer lugar el vestido.

4) Fabricación y reparación de productos metálicos.
5) Construcción y reparación de equipo y material de transporte.
6) Construcción y reparación de maquinaria (véase cuadro 13).

Para 1970, el orden de importancia en la generación del Producto Interno Bruto fue el siguiente:
1) industrias metálicas básicas
2) material de transporte
3) productos metálicos
4) maquinaria, equipo eléctrico y electrónico
5) maquinaria y equipo.[28]

Del cuadro 15 (véase anexo), se desprenden, además de lo arriba señalado, las siguientes conclusiones respecto a la definición del Sector I en el aparato productivo de México.

El proceso de conformación del Sector I se inicia sobre la base de las industrias metálicas básicas ahora en expansión; la producción de maquinaria es incipiente y no llena los requerimientos de la demanda interna de medios de producción; las industrias de productos y maquinaria eléctrica han adquirido en estos años una importancia de primer orden por la demanda interna de bienes de consumo duraderos (licuadoras, estufas, televisores, lavadoras, radios, etc.); la producción de equipo y material de transporte cierran lo que pudiera llamarse el incipiente y raquítico Sector I, productor en pequeña escala de bienes de producción.[29]

[28] En la revista *Comercio Exterior* de julio de 1975, en el artículo del grupo ONUDI-NAFINSA, "Programa de desarrollo del sector de bienes de capital en México", se dice: "se estima que la producción de maquinaria y equipo (excluyendo equipo de transporte) se incrementó de 5 900 millones de pesos en 1970, a 8 600 millones en 1974 a precios constantes (10 700 millones a precios de 1974). En términos de porcentajes la producción del sector de bienes de capital aumentó de 4.3% de la producción industrial en 1970, a 4.9% en 1974, lo que significa que este subsector mantuvo durante el período indicado, una tasa real de crecimiento del 10.1%".
[29] "Entre 1954 y 1957 correspondió al Sector I un creci-

Los acervos de capital en el así llamado Sector I, pasaron de 10 188 000 000 en 1950, a 23 354 000 000 en 1960, a 37 037 000 000 en 1967, hasta 40 500 000 000 en 1970. Las asignaciones por consumo de capital fijo (depreciación) fueron de 388 000 000 en 1950, de 891 000 000 en 1960, de 1 317 000 000 en 1967 y de 2 000 000 000 aproximadamente en 1970, lo que supone un incremento del 500% en 20 años. La remuneración a los asalariados fue de 2 166 000 000 de pesos en 1950, de 2 378 000 000 en 1960, de 4 876 000 000 en 1967 y de 5 500 000 000 en 1970.

En los 20 años los acervos de capital crecieron en el Sector I en un 400% aproximadamente; las asignaciones de capital fijo (depreciación) aumentaron en un 400% aproximadamente y el pago en salarios se duplicó o creció en más del 200% en las dos décadas. Estas magnitudes dan una idea de la importancia que dentro de la industria de transformación está adquiriendo el sector productor de máquinas, y sus tendencias indican que se convertirá en el sector dirigente de la industria.[30]

En resumen, las ramas más importantes del Sector I por su aporte al PIB, por sus acervos y por sus asignaciones

miento del 61.0%, mientras que el Sector II aumentó un 10%. G. Aguilera, *op. cit.*, p. 81.

[30] Raúl González Soriano, en su magnífico trabajo "Los esquemas marxistas de reproducción y desarrollo del capitalismo en México (1950-1960)", elabora una estructura de la producción en la cual señala que el Sector I de bienes de producción (en la manufactura), de constituir el 27.4% en 1950 y el 34.4% en 1960, alcanzó el 37.2% en 1966; en cambio el sector productor de bienes de consumo declinó del 72.6% en 1950, al 65.7% en 1960 y hasta el 62.8% en 1966. R. González Soriano, tesis de la Escuela Nacional de Economía, UNAM, México, 1973. Roger D. Hansen afirma que el Sector I creció de 1950 a 1966 en forma preponderante: "la producción de acero y otros artículos metálicos, creció en una tasa anual del 11.5%; la producción de maquinaria en 10%, la de vehículos y equipo de transporte en 10.7% y los productos químicos en 12.5%". Roger D. Hansen, *La política del desarrollo mexicano*, México, Siglo XXI, 1971.

de capital y pagos a la fuerza de trabajo en los últimos
10 años, fueron:

1) Las industrias metálicas básicas.
2) Las industrias de construcción y reparación de
   automóviles y transportes.
3) Las industrias de fabricación y reparación de productos metálicos.
4) Construcción y reparación de maquinaria, aparatos
   y accesorios eléctricos.
5) Construcción y reparación de maquinaria. (Véase
   cuadro 15.)

Esta jerarquía muestra el carácter limitado de la
producción de maquinaria e indica la condición subordinada y dependiente de nuestra industrialización; como
bien dice el profesor Raúl González: "El crecimiento del
Sector I, a lo largo de los años cincuenta, no fue capaz
de consolidar una estructura de la producción en la que
la acumulación interna del Sector I pudiera ser el elemento determinante debido a la creciente penetración,
prácticamente sin ningún tipo de control por parte del
estado, de capital extranjero que desarrolló las manufacturas ligeras en base a una importación creciente de
partes, componentes, maquinaria y equipo..." En consecuencia, el crecimiento de los medios de producción se
produjo en ramas dirigidas a la obtención de materias
primas o energéticos, productos que pueden ser utilizados por los Sectores I y II, y casi no ocurrió en aquellas
ramas que en forma predominante orientan su producción a la elaboración de medios de producción: por
ejemplo: la construcción de maquinaria y equipo.

En 'México, afirma el grupo onudi-nafinsa, en los
últimos años el sector de construcción de maquinaria se
encuentra rezagado si se hace comparación entre la
producción de bienes de consumo y la de bienes intermedios.

Las perspectivas de desarrollo del Sector I son amplias, sobre todo en lo que se refiere a las industrias

metálicas básicas, a la construcción de maquinaria[31] y a las de productos metálicos.

La industria petrolera, la petroquímica básica y las industrias ligadas a la demanda de la industria eléctrica están en el horizonte del desarrollo por el papel básico que éstas han jugado en el proceso de industrialización, no sólo como fuente de energéticos en condiciones excepcionales, sino ahora en el caso del petróleo como medio de generar divisas mediante su exportación, sobre todo por las perspectivas de los nuevos yacimientos del sureste; no es aventurado decir que buena parte del proyecto de la industrialización, mediante la producción de máquinas (desarrollo del Sector I), descansará sobre los volúmenes exportables de derivados del petróleo.[32]

[31] "Las proyecciones actuales —se dice en el estudio de ONUDI-NAFINSA— sugieren que la demanda total de maquinaria y equipo para 1976-1980 (a precios de 1974) fluctuará entre 300 000 y 320 000 millones de pesos (con una tasa de crecimiento de la economía promedio anual de 6.5%). Se prevé que la producción nacional durante el período 1976-1980 (a precios de 1974) sumará 140 000 millones de pesos, o sea del 43 al 46% de la demanda total de bienes... este déficit será del orden de 160 000 a 180 000 millones de pesos durante 1976-1980. Esto significa que para 1980 las importaciones anuales de maquinaria llegarán a más de 45 000 millones de pesos." *Comercio Exterior*, julio de 1975, p. 777.

[32] Del informe presentado por Antonio Dovalí Jaime, director de Pemex en marzo de 1974, se desprende la importancia de los hallazgos de petróleo en Chiapas y Tabasco: "En 12 meses se incrementó la producción de la zona de 240 000 barriles por día... En esa fecha (1974) la producción de Chiapas y Tabasco representó el 41% de la nacional, que alcanzó el volumente de 668 649 barriles diarios... Al finalizar diciembre (1974), Pemex había exportado 5.8 millones de barriles de crudo, a un ritmo de 54 800 millones de barriles diarios en los últimos 106 días del año, que significaron un ingreso de 773.5 millones de pesos. El total de las exportaciones en el año (1974) fue por un valor de 1 668.8 millones de pesos... Se ha estimado que durante el año de 1975 tendremos excedentes exportables del orden de 40.6 millones de barriles de crudo, 3.8 millones de barriles de combustible y 2.9 millones de barriles de diesel, que darán al país un ingreso de 6 000 millones de pesos." *Comercio Exterior*, marzo de 1975, p. 281. Durante la primera

En cuanto a las perspectivas de desarrollo de este Sector I, Luis R. Almeida, director adjunto de Nacional Financiera, dijo al respecto: "En las actuales condiciones de desarrollo de la industria de bienes de capital, se estima que para el período 1978-1987, podría fabricarse en México alrededor del 48% de la maquinaria y el equipo demandado, lo que en dinero significa 451 mil millones de pesos." [33]

Se calcula que en la próxima década, la demanda de maquinaria será de 940 000 000 000 de pesos; las principales industrias demandantes serán: Petróleos Mexicanos, con un 20% (184 000 000 000); Comisión Federal de Electricidad, con un 17% (160 000 000 000); la agricultura con un 13.6%; la minería el 9.1%; la construcción, el 8.7%; las telecomunicaciones, el 7.7% y la industria alimenticia el 6.4%; las industrias química, petroquímica secundaria, metalmecánica, siderurgia, papel y celulosa y cementos con 5% del total para cada una de ellas.

Esta distribución de la demanda de bienes de capital expresa las ramas que constituirán en la próxima década, el factor dirigente del Sector I, petróleo, petroquímica básica, electricidad y agricultura; se reforzarán sin duda la producción de maquinaria para exploración, perforación, extracción y refinación; maquinaria para producir energía eléctrica y maquinaria agrícola. Por ser el petróleo y la electricidad empresas de control estatal, las compras estatales jugarán un papel determinante en el proceso de desarrollo y consolidación del Sector I.

El proceso de sustitución compleja (de bienes de capital) comenzará por estas industrias y permitirá ampliar y diversificar, aunque todavía no en gran medida, las ramas de construcción de maquinaria del aparato produc-

parte del "mandato" del presidente López Portillo, las declaraciones hechas al respecto son más ambiciosas. Para fines de 1978 se producirán 1.5 millones de barriles diarios y para 1980 se calcula la exportación en 2 millones de barriles diarios, con reservas probadas de 16 mil millones de barriles.

[33] Periódico unomásuno, lunes 22 de mayo de 1978.

tivo nacional. El conocimiento tecnológico (el cómo hacerlo) estará en los centros imperialistas y bajo el dominio de los grandes conglomerados.

C. LA DEPENDECIA DE CAPITAL EXTERNO EN LOS SECTORES I Y II (SUBORDINACIÓN DE LA ESTRUCTURA PRODUCTIVA)

a) Inversión externa

De gran importancia en este proceso de desarrollo de la industria de transformación, es el papel jugado por la reorientación de la inversión extranjera desde las industrias extractivas y energéticas a las industrias de transformación; su presencia es directa y aplastante a partir de las políticas de puertas abiertas al capital extranjero de las décadas de los cincuenta y sesenta, implementadas por los gobiernos de Alemán, López Mateos, Díaz Ordaz y Luis Echeverría. Algunas cifras mostrarán su presencia en las ramas estratégicas del desarrollo actual: Mientras en 1940, la inversión extranjera se concentraba principalmente en comunicaciones, energía eléctrica y minería, para 1950 la manufactura adquiere el principal destino de la inversión extranjera con el 25% de ellas; la energía eléctrica con el 24.2%; la minería con el 19.8% y comunicaciones y transporte con el 13.3%. En la década de los sesenta la manufactura adquiere un papel aún más significativo en esta penetración, al concentrar el 55.8% de la inversión extranjera en 1960 y el 74.2% en 1968; de la inversión extranjera, el comercio tomó el segundo lugar en importancia en cuanto al destino de esta inversión: 18.1% en 1960 y 14.8% en 1968; la minería declinó del 16.5% en 1960 al 6.0% en 1968.[34]

[34] Miguel S. Wionczek, "La inversión extranjera privada en México: problemas y perspectivas", Comercio Exterior.

La distribución por ramas de la inversión directa de los Estados Unidos fue en 1960, de: 16.3% en minería, en petróleo 4.2%, en manufacturas el 49.2%, en servicios 14.9%; para 1969, de la cifra sorprendente de 11 914 000 000 de dólares, tal distribución fue: 11.6% en minería y fundición, 26.3% petróleo, y manufacturas el 34.8%; en 1970, de una inversión de 1 774 000 000 de dólares, ésta se distribuyó: 8.5% en minería y fundición, 1.8% en petróleo, y 67.1% en la industria manufacturera.[35]

En términos absolutos, la inversión extranjera ascendía a 570 000 000 de dólares en 1950, a 1 080 000 000 en 1960, a 1 126 400 000 en 1965, a 8 927 000 000 en 1967, a 1 186 200 000 en 1968, a 1 972 600 000 en 1969, a 2 071 900 000 en 1970 y a 1 952 200 000 en 1971.

Dentro de la industria, ¿cuáles son los sectores que tienen un mayor peso específico en el dominio y control por parte del capital extranjero?

Para 1970, la industria de transformación absorbe el mayor peso específico de la inversión extranjera.[36]

En las industrias claves del Sector II, entre éstas, la industria de alimentos, dentro de las "500" mayores empresas, 22 de ellas representando el 48% con un capital de 1 306 000 de pesos, son de propiedad del capital extranjero, en el que Estados Unidos tiene la hegemonía en un 90% del total.[37] De las 337 empresas producto-

[35] *América en cifras 1972, situación económica.*

[36] De 938 empresas que controlan el 65% de la producción nacional, el 26.7% de éstas son de propiedad extranjera; 5.3% del estado y 68% de la iniciativa privada. Citado por G. Aguilera, *op. cit.*, p. 145. "Un análisis propio de las 100 empresas más grandes del país llevó a la conclusión de que aproximadamente el 20% de ellas tiene la participación del estado. En 36 de ellas participa el capital extranjero. El 44% están bajo el control mayoritario del sector privado nacional." Soto Angli, *Cuestiones Sociales*, núm. 1, junio de 1975.

[37] José Luis Ceceña, *México en la órbita imperial,* México, Ed. El Caballito, 1970.

58   CONDICIONES HISTÓRICAS DE LA INDUSTRIALIZACIÓN

ras de bienes de consumo, el 13% de éstas son extranjeras.[38]

La participación de la inversión extranjera, como quedó dicho, se desplaza a las industrias estratégicas; entre las empresas del Sector I en las que está presente tenemos: de las "500" más grandes empresas, 18 de éstas, que están en la construcción de maquinaria y equipo, con un capital de 473 millones de pesos, son extranjeras y el 90% de éstas están en manos de norteamericanos.[39] En otros agrupamientos hechos, se calcula que en este Sector I, en las industrias productoras de bienes de capital, de las 938 empresas (más grandes), 116 pertenecen a este Sector I y el 53% son extranjeras.[40]

En las industrias de construcción y reparación de automóviles, que ocupan el segundo lugar por su aporte al producto interno bruto, por sus acervos de capital y por pagos a la fuerza de trabajo, el capital extranjero controla 10 empresas (de las 23 que están en las "500"), con un capital de 888 000 000 de pesos, lo que representa el 37% del capital de las 23.[41] La mayoría de las 10 empresas son filiales de grandes empresas norteamericanas.

La participación del capital extranjero en el Sector I productor en pequeña escala de medios de producción, es mayor que en el Sector II (bienes de consumo), lo que supone que el desarrollo del sector puede estar comprometido con los intereses de subsidiarias transnacionales y de grandes grupos financieros extranjeros, fundamentalmente norteamericanos.

El proceso de penetración del capital en el proyecto de desarrollo industrial mediante la sustitución compleja de las importaciones, está asegurado por el control que éste detenta de los sectores estratégicos de la industria

[38] Gustavo Aguilera, *op. cit.*, p. 148.
[39] José Luis Ceceña, *op. cit.*, p. 165.
[40] Gustavo Aguilera, *Los orígenes del proceso de industrialización y la concentración industrial en México*, Tesis, Fac. de Ingeniería, UNAM, México, 1975.
[41] José Luis Ceceña, *op. cit.*, p. 160.

referida a la producción de máquinas. Por otra parte, el empréstito al estado y al sector capitalista privado asegura la presencia del capital extranjero en el modelo de desarrollo puesto en marcha, que define el carácter subordinado y predetermina el desarrollo productivo en México.

b) *Comercio exterior y deuda externa*

Para cerrar esta apreciación de la industrialización subordinada y dependiente, tomemos al sector externo en sus rasgos más generales, para enunciar sus posibilidades de contribuir al proyecto de industrialización mediante la sustitución compleja de las importaciones.

¿Cuál ha sido el intercambio con la economía monopolista dominante en lo que respecta a bienes de producción, y qué parte de éstos se produce en nuestras economías?

¿Cuál ha sido el intercambio con la economía monopolista dominante en lo que respecta a bienes de producción, y qué parte de éstos se produce en nuestras economías?

Para nadie es un secreto que nuestro comercio exterior es cautivo de un mercado, el de Estados Unidos, que controló en 1960, el 72% de las exportaciones y de las importaciones de nuestro país; en 1970, controló el 68.4 y el 61.5% respectivamente; en 1973, el 61.4 y el 59.8%; el mercado común europeo absorbe el mayor porcentaje restante: 11.34 y 16.8% en 1960, 7.47 y 19.8% en 1970, 8.6 y 16.8% en 1973. (Véase cuadro 16.)

Del cuadro 16 se desprende además que México comerció con los países más desarrollados del campo capitalista, más del 80% de sus exportaciones e importaciones; que su otra área de importancia es América Latina, sobre todo en relación con sus importaciones, y que, por tanto, la reproducción de su capital social y el establecimiento de las proporciones de la estructura económica, dependen del intercambio con las economías dominantes.

Los saldos negativos de la balanza comercial no han podido pagarse con las exportaciones,[42] se ha requerido, en lo fundamental, del crédito internacional a largo plazo en los últimos 30 años, así, en 1960 éste contribuyó con el 10.5% para financiar las importaciones, en 1970 con el 9.3% y con el 14.0% en 1973; otra fuente de financiamiento para las importaciones que incrementa el endeudamiento, son las inversiones extranjeras directas, las cuales contribuyeron con el 11.5% en 1960, con el 5.3% en 1970 y con el 6.6% en 1972.

El turismo, que ha actuado como un compensador tradicionalmente, en los últimos 13 años ha perdido importancia en el financiamiento de las importaciones: en 1960 aportó el 7.3%, en 1970 el 13.4% y en 1972 el 13.7%. Si hacemos constar que los beneficios del turismo al interior han sido controlados por las grandes compañías de aviación y las cadenas de hoteles norteamericanos, la significación del turismo en este concepto es aún menor.

En resumen, nuestra economía no sólo es dependiente en su estructura productiva, sino que la circulación de su capital deviene dependiente por los requerimientos externos de capital para financiar sus importaciones, es decir que depende del capital externo, para reponer en valor los requerimientos del aparato productivo y establecer la proporcionalidad, la cual, por estas relaciones, deviene subordinada y adquiere su condición de complementaridad desigual. El Sector II productor de bienes de consumo en las tres décadas, (1950 a 1970), ha contribuido a las exportaciones en forma predominante con más del 50% en promedio, en 1960 con el 44.7%, en 1970 con el 55%; si tomamos en cuenta el sector agro-

---

[42] En 1960 estas exportaciones contribuyeron sólo con el 47.7% del financiamiento de las importaciones; en 1972 con el 49.2%, es decir menos de la mitad del financiamiento de las importaciones.
Banco Nacional de México, S. A., *Indicadores Económicos*, vol. 1, núm. 8, julio de 1973.

pecuario en lo referente a semillas y animales, el porcentaje se eleva a un poco más.[43]

Las materias primas y auxiliares (agrupados en la fuente citada como bienes de inversión) representan el segundo orden de importancia en las exportaciones: fueron el 53.1% en 1960, el 46.18% en 1965, el 36.7% en 1970 y el 36.2% en 1972.

Las exportaciones del así llamado Sector I representaron en cantidad un porcentaje insignificante: el 2% en 1960, el 3.4% en 1965, el 7.5% en 1970 y el 8% en 1972. En cuanto a calidad, el material de construcción, las herramientas, accesorios, refacciones y partes sueltas, así como la maquinaria, equipo y vehículos, son los productos que en tendencia van cobrando cierta significación, aunque se puede observar que la exportación de maquinaria es aún incipiente (0.5 en 1960, 1.8% en 1970, 3% en 1972).

Esta estructura responde naturalmente al carácter de la estructura productiva y a la naturaleza que le imprime ésta al producto.

Orientada nuestra producción en lo fundamental al mercado interno, no se cubren en costos y calidad las condiciones del mercado mundial; aquí se presenta una contradicción a superar por el modelo de desarrollo industrial, mediante la sustitución compleja de las importaciones.

En términos absolutos, la tendencia de las exportaciones que enunciamos es más clara. La industria manufacturera, a partir de 1970, igualó a la agricultura en cuanto al valor de los principales productos exportados, pero a partir de 1971, la superó en valor; en 1973 representó dos veces el valor de la producción agrícola. (Véase cuadro 17.)

Hasta 1970, la agricultura aportó el mayor monto en valor de las exportaciones, las industrias extractivas han permanecido estables y se advierte un incremento en las

[43] Banco de México, S. A., *Informes anuales*, citado en el prontuario estadístico de la Secretaría de Recursos Hidráulicos, México, octubre de 1974, p. 153.

exportaciones de productos manufacturados de 1970-1973. (Véase cuadro 16.) Dentro de la industria manufacturera, el orden de importancia en cuanto al volumen exportado está, en 1er. lugar, la industria alimenticia; en 2o., la industria química; en 3o., la industria textil y, en 4o., las industrias que hemos agrupado en el Sector I (productor en pequeña escala de bienes de producción) tales como: hierro o acero manufacturado o en otras formas, piezas sueltas para automóvil, tubos, cañerías o conexiones de hierro o acero y refacciones de diversas materias para maquinaria.

Esta estructura de las exportaciones se define sin duda por su valor de uso: en 1er. término, por productos agropecuarios y materias primas y en segundo, por la producción de manufacturas, alimentos, textiles, productos químicos y, en forma incipiente, por el hierro y acero, aparatos eléctricos, herramientas y partes de máquinas. Tal estructura es una característica de país dependiente y subdesarrollado, cuyo aparato productivo es desigual y se liga a los requerimientos impuestos por el mercado mundial capitalista.

Si al carácter predeterminado del producto agregamos las determinaciones enunciadas más arriba: penetración por el capital extranjero de la rama manufacturera y necesidad del crédito internacional para financiar sus importaciones, se define más claramente nuestra dependencia y subordinación en el intercambio de nuestros dos sectores con la economía monopolista dominante de los Estados Unidos de Norteamérica y de los países más desarrollados del sistema mundial capitalista.

c. *Importación subordinada*

Falta establecer la estructura de nuestras importaciones, el destino de éstas y el origen, para concluir con este aspecto del intercambio entre los Sectores I y II de nuestra economía y la economía monopolista dominante.

En la década de los 60, las importaciones de bienes de consumo declinaron por virtud del proceso de sustitución de estos bienes importados (la sustitución fácil), hasta representar, en 1970, sólo el 21.4% de las importaciones. En esta misma década, la importación de bienes de producción ocupó el 80%. En 1970, 1971, 1972 y 1973, esta tendencia estuvo presente con el 78.5, 80.3, 77.6 y 75.8% respectivamente; hay que decir que un 30% aproximadamente corresponde a materias primas, y un 45 a 48% correspondiente a estos años, a bienes de inversión y medios de producción[44] propiamente dichos.

En términos de valor, estos bienes de inversión importados, que en la clasificación hecha por el Banco de México incluyen: maquinaria para agricultura, para la construcción, la industria, y productos intermedios, herramientas y refacciones, representan, en 1960: 570.4 millones de dólares, en 1970: 1 134.8 millones; en 1971; 1 015.1 millones; en 1972: 1 191.5 millones y 1 698.5 millones de dólares en 1973.

Es de hacer notar que las máquinas de impulsión mecánica para diferentes industrias han incrementado sus importaciones en las dos últimas décadas: en 1960, se importaron por un valor de 52.3 millones de dólares; en 1965, por 128 millones; en 1970, por 179.8 millones; en 1971, por 192.6 millones; en 1972, por 198.9 millones y en 1973 se importaron estas máquinas por valor de 242.5 millones de dólares.[45]

Esta creciente demanda explica las posibilidades que existen en el mercado interno para sustituir la importación de dichas máquinas, y por consiguiente las futuras tendencias de la sustitución compleja de las importaciones.

Por otra parte, estas cifras de importación de medios de producción definen un hecho significativo del carácter de nuestra reproducción, en la que la economía mo-

---

[44] Banco de México, S. A., *Informes anuales.*
[45] Banco de México, S. A., *Informes anuales e Indicadores económicos,* vol. 2, núm. 7.

nopolista dominante, por ser estos medios originarios en
su Sector I (productor de medios de producción), imponen los límites y calidad de los bienes de producción
destinados a las economías dominadas.
Existe también un proceso paralelo al descrito, que
se refiere a la producción de estos bienes de producción
en el interior de la economía mexicana, la que ha mostrado un sensible incremento: de un 5.3% en 1960,
en 1971 han pasado a un 15% (dentro de la formación
del capital fijo) las industrias de construcción y reparación de maquinaria.

En resumen, el intercambio entre los sectores productivos de ambas economías define el carácter subordinado
de la estructura productiva al:

1. Predeterminar el carácter del producto de la economía dominada (materias primas, productos
   agrícolas y manufacturas ligeras).
2. Al predeterminar la distribución entre el capital
   constante y el variable, mediante la venta y transferencia de tecnología y de materias primas semielaboradas.
3. Al subordinar la definición en pequeña escala del
   Sector I de la economía dominada mediante el
   control tecnológico y extracción del excedente
   económico.

El modelo de desarrollo industrial implementado, a
finales de la década de los 60 entró en una crisis estructural, y la economía se vio sacudida a mediados de
los 70 por una recesión coyuntural que pasamos a caracterizar.

II. LA CRISIS ESTRUCTURAL
    U ORGÁNICA EN MÉXICO (1965-1978)

La crisis y los medios para eliminarla, como decía F. Engels, no tienen que *inventarse* con sólo la cabeza, sino
que deben descubrirse usando la cabeza en los hechos
materiales de la producción.

México, a finales de la década de los sesenta, entró en una crisis estructural cuyo origen fue el agotamiento de un modelo de acumulación capitalista dependiente y subordinado, el cual se basó en un proyecto de desarrollo industrial por sustitución fácil de importaciones de bienes de consumo, materias primas y productos intermedios.

El colapso del desarrollo estabilizador tuvo su detonante en la crisis del sector agropecuario, producto del desarrollo capitalista monopolista que dio lugar a una estructura polarizada: neolatifundio-minifundio, liquidando al ejido como unidad productiva y reduciendo al latifundio comercial al mercado externo y al atesoramiento de la renta. Ésta no se reinvirtió en la expansión del sector, es decir, el sector no cubrió así los requerimientos de la industria, ni el fondo de alimentos, a la vez que redujo su participación en el coeficiente de importación, incidiendo sobre la balanza comercial.

A. CARACTERÍSTICAS DE LA CRISIS AGRÍCOLA

1) Surgió una agricultura bipolar neolatifundio-minifundio: uno de los polos concentró en los últimos 35 años la tierra de riego, el crédito, el 62% del capital, los mercados de exportación, la mayor producción (53.5%) y el mayor ingreso por trabajador. El otro polo concentró la desocupación, los jornaleros agrícolas, los campesinos sin tierra y los ingresos de subsistencia.

2) El rompimiento del ejido, y ahora el neolatifundio como camino del desarrollo del capitalismo en el campo, dio lugar a una contradicción insalvable bajo las condiciones del desarrollo económico dependiente y subordinado.

El ejido es incapaz, por una parte, de restablecer su condición de unidad productiva, y no es ya, por tanto, un medio de control de la lucha de clases en el campo. Por la otra, a la agricultura comercial monopolista se le asigna el papel de única forma económica de creación de la renta absoluta y la renta diferencial, la cual, al ser atesorada y no reinvertirse, determina que el sector agropecuario no se expanda e impida el crecimiento del coeficiente de importaciones.

3) Por tanto, el sector agropecuario, que debería jugar un importante papel en el desarrollo industrial en el período de sustitución compleja de las importaciones, se transformó, debido a la estructura bipolar, en una forma que generó nuevas contradicciones de clase en el campo y fue incapaz de cubrir los requerimientos del sector industrial en el nuevo modelo de acumulación monopolista.

B. CARACTERÍSTICAS DE LA CRISIS DEL DESARROLLO INDUSTRIAL

La industria, aunque cubrió buena parte del Sector II de bienes de consumo, dejó fuera de la economía al Sector I de bienes de capital y dependió para el remplazamiento de dichos bienes de importación, subordinando con ello la estructura de nuestro producto interno bruto y la forma natural (valor de uso) de los productos que exportamos y aquéllos orientados al consumo interno, sobre todo la esfera de artículos de lujo y los productos intermedios que complementaron procesos más sofisticados en las economías monopolistas dominantes. El excesivo proteccionismo creó una producción industrial con altos costos, la cual necesitó de materias primas y medios de producción importados; los bajos controles de calidad y su orientación a la esfera de consumo de artículos de lujo, la hizo incompetente para el mercado externo y generó lo que hoy es el cuello de botella: *una reducida e ineficiente producción de bienes de consumo popular.*

La crisis del modelo de desarrollo industrial y del patrón de acumulación, se expresa también en la incapacidad para responder con su propia acumulación de capital a los requerimientos de su producción ampliada.

Así, la importación de medios de producción (materias primas y maquinaria) exigió el apoyo financiero de los préstamos internacionales a largo plazo y de la inversión extranjera directa, porque la exportación de productos agropecuarios e industriales no cubrió en valor los requerimientos de nuestras importaciones en los años del modelo desarrollista estabilizador.

Por tanto, el desarrollo industrial dependió del sistema y condiciones del crédito internacional, y del incremento de la deuda externa,[46] para financiar la acumulación de capital al interior de nuestra economía.

Nuestro país tuvo que cargar con la insensatez de esta política de endeudamiento; no sólo México se vio sometido a una extracción creciente de ganancias, sino que restringió sus posibilidades de independencia política y económica.

Nuestra acumulación de capital, por estar subordinada, se transformó en un mecanismo de trasferencia de riqueza a los países altamente industrializados, los que controlan con sus inversiones sectores estratégicos de la economía, y con sus capitales financieros los organismos de crédito internacionales a los que México recurre para solventar sus necesidades de capital.[47]

[46] Entre 1975 y 1976 la deuda externa del gobierno creció en 35.7%, de 14 449 millones de dólares (180 612.5 millones de pesos), a 19 600.2 millones de dólares (245 002 millones de pesos) en 1976. Según el informe de López Portillo, la deuda externa en 1977 alcanzó 20 800 millones de dólares, unos 481 800 millones de pesos devaluados. El informe del Banco de México de 1977 situó la deuda externa en más de 24 mil millones. En 1978, la deuda externa se calculó en 26 mil 264 millones de dólares.

[47] Los pagos netos por utilidades e intereses fueron, en promedio, 546 millones de dólares por año, de 1966 a 1970; las ganancias de las inversiones extranjeras directas y los pagos por intereses sobre la deuda externa sumaron, en 1974, 1 222 millones de dólares; en 1975, 1 549 millones de dólares, y en 1976, 1 839.2 millones de dólares, unos 40 462.4 millones de pesos devaluados de 1977. El informe del Banco de México señaló un monto de 3 544 millones de dólares para 1977 por pago del servicio de la deuda externa, y para 1978 se gastaron 44 394 millones de pesos (cerca de 2 mil millones de dólares).

*La burocracia política y las fracciones de la burguesía
que representa son los responsables de tal proyecto subordinado de desarrollo. No es posible culpar a la crisis
mundial del sistema capitalista del agotamiento del modelo de desarrollo basado en el endeudamiento, como ahora pretenden hacerlo los nuevos tecnócratas.*
La crisis estructural se expresa también en la excesiva
concentración geográfica de la industria y la centralización monopolista del capital, la cual tiene su contra-
punto en la explotación de la fuerza de trabajo, el desempleo permanente y la transferencia del excedente económico de la agricultura hacia la industria.
En otras palabras, la industrialización ha basado su
desarrollo cualitativo en la excesiva concentración del
ingreso, en la subsecuente explotación de los trabajadores de la industria y el campo, y en el deterioro de sus
salarios reales.
La industrialización subordinada y dependiente ha
mantenido tasas de explotación de 150 a 300% en la
industria manufacturera, y de 300 a 500% en la agricultura. Esto significa que el proyecto político de la
burguesía mexicana basó el crecimiento económico en
una explotación redoblada de la fuerza de trabajo en los
últimos 35 años.
El colapso del modelo desarrollista de acumulación se
expresó asimismo en la creciente dependencia para remplazar el producto social, respecto a un solo mercado
(particularmente el de los Estados Unidos). Esta dependencia impuso una estructura rígida a nuestras importaciones y exportaciones, la que predeterminó el carácter
de la estructura productiva de México y por tanto, de los
bienes que se produjeron a través de la sustitución tecnológica impuesta.
Así, el intercambio entre el Sector I (productor de
medios de producción) de la economía monopolista
dominante de Estados Unidos, y los Sectores I y II de la
economía capitalista dependiente y subordinada de México, ha tenido dicha característica durante la vigencia
del así llamado modelo estabilizador.

El carácter polarizado del comercio (monopolista-menudeo), y el carácter monopolista y altamente especulativo del sistema financiero, aunados a una política económica monetaria y ligada al ciclo del capital financiero internacional, son también características centrales de la crisis estructural en lo que se refiere al dominio de lo económico.

Estos movimientos orgánicos transformaron la estructura de clases en el campo y en la ciudad, donde nuevos protagonistas aparecieron constituyendo nuevos programas y demandas que ya no correspondían a las del proyecto dominante, cuyas organizaciones corporativas perdieron paulatinamente su condición de canales de expresión de todos aquellos intereses que debían representar.

El futuro desarrollo industrial del país, bajo las condiciones descritas, tendrá que resolver las contradicciones generadas por la dependencia y la subordinación que es a donde el gobierno mexicano ha conducido al país. Hay una clara disyuntiva: o se implementa un proyecto nacionalista de desalienación respecto al capital monopolista extranjero, en lo económico, y un proyecto político de reforma democrática, más allá del electoral, en interés de los trabajadores y campesinos mexicanos, o México será más dependiente y subordinado a los intereses de los monopolios nacionales y extranjeros.

III. RECESIÓN COYUNTURAL
Y ARTICULACIÓN CON LA CRISIS
ORGÁNICA (1975-1978)

Existió, aunada y con base en los movimientos orgánicos (relativamente permanentes), una *recesión coyuntural* aparentemente circunstancial, que se expresó en una contracción de la inversión en el sector agropecuario, a finales de los sesenta; en el sector industrial, tal contracción se presentó en los años 1975-1977, con el consecuente paso de estos capitales del sector productivo a las áreas especulativas de la economía. En 1976-1977, la coyuntura se evidenció también en una caída del ritmo de crecimiento del producto, una crisis financiera que desembocó en la devaluación del peso, la salida de capital y la inflación galopante.

La recesión coyuntural se presenta, en cierto sentido, por el agotamiento de las bases que sustentaron el modelo desarrollista estabilizador, así como también por la incidencia de la crisis general del sistema capitalista (1974-1976), sobre todo, el impacto de ésta en Estados Unidos, donde la caída del PIB, (produco interno bruto) fue de 5.5% en 1973, a 1.7% en 1974, y 1.8% en 1975. En Estados Unidos también se expresó con un acelerado proceso inflacionario, déficit de la balanza comercial y caída de la tasa de ganancia. Tales factores, por las relaciones de dependencia y subordinación de nuestro país, precipitaron el colapso del modelo desarrollista estabilizador.

La descapitalización del sector agropecuario, la quiebra de las empresas del estado, la contracción de la inversión privada, el déficit comercial, el endeudamiento, el déficit del gasto público y un proceso inflacionario, factores estos que se presentaron en forma aguda en 1975 y 1976 (los años más críticos de la recesión), y que culminaron en la devaluación y en una crisis de confianza, constituyeron, en suma, los factores internos de la recesión coyuntural.

La coyuntura se eslabonó con los factores de la crisis orgánica: de la crisis del sector agropecuario, la balanza comercial devino altamente deficitaria y el coeficiente de importación, es decir, nuestra capacidad de importar, cayó sensiblemente. La recesión industrial y la condición subordinada y dependiente del aparato productivo, produjeron una contracción de la inversión, una reducción consecuente de la expansión industrial, una estrechez del mercado en general, y en particular de la esfera de consumo de bienes de primera necesidad. Finalmente, los límites en la sustitución de importaciones de bienes de capital se hicieron presentes a finales de los sesenta. Además, la recesión coyuntural se articuló con elementos de la crisis orgánica, sobre todo en lo que respecta a la estrategia del modelo de desarrollo estabilizador, el que mostró su agotamiento en la profundización de los déficit de elementos centrales del funcionamiento de la economía y que conformaron el núcleo de la recesión coyuntural, entre otros: *el déficit comercial, el de la balanza comercial y el de pagos, el endeudamiento creciente, el alto índice de inflación, el crecimiento del circulante, los déficit del gasto público y de las empresas del estado.* La crisis orgánica mostró la *crisis de la política económica,* que dio como sanción estratégica un desarrollo industrial subordinado y dependiente —con los sectores estratégicos de la industria de transformación bajo el control del capital monopolista internacional—, sanción que hizo recaer el crecimiento económico en la sobre-explotación de los trabajadores del campo y los obreros. La recesión coyuntural reveló también *la crisis de la política económica,* que privilegió a las políticas de gestión de la moneda y de la fuerza de trabajo en función de las fracciones monopolistas de la burguesía nacional y extranjera; así, las políticas monetaristas exhibieron su ineficacia en el punto culminante de la crisis, a finales de 1976, y durante la restauración económica actual.

La crisis de la política económica, entendida ésta como la forma de participación del estado en la economía, mostró, en estos años de crisis, su inoperancia, no sólo en la gestión de la moneda (excesivo circulante, tasa de cambio rígida e inamovible, tasas de intereses altas, etc.) sino también en la gestión de la fuerza de trabajo (salarios reales congelados, distribución polarizada del ingreso), así como en las funciones principales del estado.

La política monetarista restrictiva se enfrentó a dos obstáculos: uno de ellos se refiere a la ampliación de las funciones del estado, y el consiguiente deterioro del déficit del gasto por incrementos en los renglones de servicios sociales, infraestructura y apoyos financieros a las diferentes fracciones de la burguesía. Otro es relativo a la creciente participación del estado en la economía, producto de la monopolización de las empresas del área estatal y de acciones de "salvamento" a empresas privadas quebradas. Proceso de creación monopolista y ampliación del sector estatal que entraba en contradicción con la política monetarista contraccionista. La política económica implementada por el estado durante el desarrollo estabilizador, contribuía a consolidar las fracciones de la burguesía, entraba en crisis con el agotamiento del modelo de acumulación y exigía, con la monopolización creciente de la economía, una redefinición de la política económica o de la forma en la cual el estado debería participar en la producción capitalista monopolista.

La crisis orgánica y la recesión coyuntural tuvieron tiempos y ritmos diferentes y su expresión en el dominio de lo político fue de tal manera, que la primera se patentizó en el agotamiento de los instrumentos de control y de dominio: los sindicatos, las centrales campesinas, los organismos corporativos de control vertical, mostraron su incapacidad para defender los intereses de clase de sus agremiados. El poder legislativo, conformado por un voto compulsivo y en casos violado, ratificó su ineficacia para representar a la sociedad mexicana bajo el presidencialismo; el consenso en las últimas décadas se perdía, y la hegemonía de la burocracia política se logró cada vez más por la represión a todo intento de movimiento popular independiente, por ejemplo, la instrumentada contra la tendencia democrática electricista.

La recesión coyuntural se expresó en una crisis de confianza respecto de los altos puestos de la dirección política en 1968, 1971, 1976.

Los partidos políticos no respondieron a los intereses de nuevas fuerzas sociales emergentes, y su sometimiento al juego político electoral y legislativo y a la dictadura del partido oficial se hizo manifiesta.

La crisis orgánica y la recesión coyuntural expuesta aquí, requirieron de una restauración económica y política por parte de la burocracia política y de las fracciones monopolistas de la burguesía que hoy son determinantes en la hegemonía política y económica. En tal restauración, las fuerzas sociales han jugado su papel a través de proyectos concretos, tales como "la alianza para la producción", "el proyecto nacional revolucionario del Congreso del Trabajo", la política económica pro-monopolios implementada por el gobierno, el sometimiento al FMI, la reforma política, etcétera.

La crisis estructural se presentó así, como una crisis del sistema en general, de su estructura y su organización política, una crisis de las relaciones políticas sociales y de producción capitalista en su conjunto.

El petróleo ha desempeñado en la restauración un papel central: restablecer la confianza de la Banca Mundial y ampliar la capacidad de endeudamiento de la economía.

El petróleo se transformó, para fortuna o desgracia de la B. P. en un factor de negociación con el imperialismo estadounidense, y al interior, como un factor de importancia capital en la restauración de la vida económica y de negociación en mejores condiciones de la hegemonía por parte de la burocracia política, respecto de las fracciones de la burguesía ligadas al capital monopolista extranjero.

El estado tendría que usar las posibilidades económicas y políticas que dan los excedentes petroleros para dar una salida a la crisis que fortalezca un desarrollo nacional independiente, que reduzca la subordinación de nuestra economía y que aisle al capital monopolista extranjero. Sin una contraparte política que democratice los sindicatos, la vida de los partidos políticos y todas las organizaciones de clase y su participación en dicho proyecto nacional, estaremos en el segundo intento fallido de la burocracia política y sindical, por darle una salida democrática a la crisis estructural de la formación social mexicana.

CAPÍTULO SEGUNDO

I. SUPUESTOS TEÓRICOS DE LA ACUMULACIÓN DEL CAPITAL BAJO CONDICIONES DE DEPENDENCIA Y SUBORDINACIÓN

Veamos el específico modo en el cual el proceso de producción de las mercancías es realizado en un constante y repetido sentido, cómo la fuerza de trabajo y el total del capital social se reproducen y, finalmente, cómo las relaciones sociales de producción se reproducen dentro del capitalismo bajo la condición de dependiente y subordinado. Tomaremos como un punto de partida un marco teórico de referencia: la polémica acerca de los esquemas marxianos de reproducción del capital social y los supuestos de los cuales Marx parte en su análisis del movimiento del capital social.

Como una base de esta discusión, yo propondré ciertos supuestos y condiciones de la reproducción del capital bajo las condiciones de dependencia y subordinación:

A. POLÉMICA ACERCA DE LOS ESQUEMAS MARXISTAS DE REPRODUCCIÓN DEL CAPITAL SOCIAL

Rosa Luxemburg criticó los supuestos de los cuales Marx parte en su modelo (inacabado y presentado únicamente en un primer estado de elaboración por Engels).[1] Tales

[1] Engels, refiriéndose a este punto, dice en el prefacio al segundo tomo de *El capital*: "el resto de esa sección [de la primera] y toda la segunda no ofrecían dificultades teóricas significativas (si se exceptúa el capítulo XVII); por el contrario, la tercera sección, sobre la reproducción y circulación del capital social, necesitaba ineludiblemente, a juicio de Marx, una reela-

observaciones son de gran importancia. En sus propias palabras: "si nosotros examinamos críticamente el diagrama de reproducción ampliada a la luz de la teoría marxista, encontramos varias contradicciones entre ambos".[2]
Aquí haremos un resumen de esas contradicciones como un marco teórico necesario de referencia en el uso de los esquemas de reproducción del capital social.
La contradicción más relevante a la que Rosa Luxemburg hace referencia es la siguiente: los límites del mercado, ¿para quién se produce?, ¿de qué depende el consumo personal y el productivo?, ¿cuál es la razón para esa reproducción? (la de los capitalistas, trabajadores y capital), y ¿cómo serán remplazados o realizados los excedentes de producción, de medios de producción del Sector I?
Por otra parte, Rosa Luxemburg centra su atención en el hecho según el cual, bajo un proceso creciente de acumulación, los esquemas deben reflejar los cambios en la composición orgánica del capital $(c/v) = \overline{0}$, lo que representa el aspecto social de la productividad del trabajo, y la tasa de explotación $(p/v) = p'$, que representa el aspecto capitalista de la productividad del trabajo.[3]

boración". Friedrich Engels, prólogo a *El capital*, t. II/4, México, Siglo XXI, 1976, pp. 6-7.
    [2] Rosa Luxemburg, *La acumulación del capital*, México, Ed. Grijalbo, 1967.
    [3] "Entonces, la acumulación con una productividad del trabajo creciente significa que: a) el crecimiento comparativamente más rápido que el capital constante tiene en ambos departamentos, no sólo relacionado al variable sino también en relación al nuevo valor creado $(v + p)$; b) la tasa creciente de plusvalía, es la plusvalía con referencia al capital variable." En relación con los dos puntos arriba mencionados ella afirma que la tasa de crecimiento del valor de la producción en el departamento I (que producen los bienes que constituyen el capital constante) debe ser mayor que el crecimiento de la tasa que corresponde al departamento II. Lo más importante de todo esto es que ha sido creado un déficit de medios de producción en el actual proceso de acumulación, o más correcta-

Rosa Luxemburg propone un esquema el cual incluye esos cambios.[4]

a) *Esquema de Rosa Luxemburg*

1er. año
  I $5\,000\,c + 1\,000\,v + 1\,000\,p = 7\,000$
  II $1\,430\,c + \quad 285\,v + \quad 285\,p = 2\,000$
2o. año
  I $5\,428\,4/7\,c + 1\,071\,3/7\,v + 1\,083\,p = 7\,583$
  II $1\,587\,5/2\,c + \quad 311\,2/7\,v + \quad 316\,p = 2\,215$
3er. año
  I $5\,903\,c + 1\,139\,v + 1\,173\,p = 8\,215$
  II $1\,726\,c + \quad 331\,v + \quad 342\,p = 2\,399$
4o. año
  I $6\,424\,c + 1\,205\,v + 1\,271\,p = 8\,900$
  II $1\,879\,c + \quad 350\,v + \quad 371\,p = 2\,600$

Del esquema se observa que año con año hay déficit de medios de producción y de medios de consumo, una creciente composición orgánica del capital y un mayor grado de explotación (por encima del 100%).

Rosa Luxemburg intentó ilustrar su punto de vista

mente, en el intercambio de equivalente entre las diferentes ramas de la economía (y al mismo tiempo un superávit de medios de consumo). Evidentemente, esto implica que los capitalistas en el departamento II tienen una oferta excesiva la cual no encuentra mercado, y por tanto, no estarán en posibilidad de realizar su plusvalía (al transformar los bienes en ingreso monetario en relación a continuar con la acumulación. La acumulación no será posible continuarla sin problemas). Benjamín Toro Toloza, "La acumulación de capital de acuerdo con Rosa Luxemburg: algunos comentarios", mimeografiado inédito.

[4] Rosa Luxemburg, *op. cit.*, pp. 336-337. Lenin responde a esas proposiciones en su artículo: "Acerca del llamado problema de los mercados" en *Escritos económicos*, vol. 3, México, Siglo XXI, 1974. Joan Robinson encuentra un error metodológico en las observaciones de Rosa Luxemburg acerca de la productividad del trabajo cuando es tomado el capital constante en términos de mercancías y el capital variable en términos de valor. J. Robinson, *Collected economic essays-II*, Oxford, Basil Blackwell, 1964, p. 22.

acerca de las "contradicciones" de los esquemas de Marx, e hizo hincapié en el progreso técnico y en su aspecto dual (social y capitalista), estableciendo el carácter contradictorio de la realización del producto y la acumulación del capital debido a las contradicciones entre la forma material y el destino económico del producto.

b) *Esquema de Lenin*

1er. año   c/v

  I   4 000 c + 1 000 v + 500 p = 6 000   (4:1)
  II 1 500 c +   750 v + 750 p = 3 000   (2:1)

Acumulación   *Condiciones de acumulación*

500 p_1 I   450 c + 50 v   (9:1)
 60 p_2 II   50 c + 10 v   (5:1)

2o. año
Fin del proceso

  I   4 450 c + 1 050 v + 1 050 p = 6 550   (4.23:1)
  II 1 550 c +   760 v +   760 p = 3 070   (2.04:1)

Acumulación   *Condiciones de acumulación*

525 p_1 I   500 c + 25 v
            II   50 c + 6 v

3er. año
Fin del proceso

  I   4 950 c + 1 075 v + 1 075 p = 7 100   (4.60:1)
  II 1 600 c +   766 v +   766 p = 3 132   (2.08:1)

Lenin introduce en los esquemas el progreso técnico, y hace relevante la ley del crecimiento preferente de los medios de producción para producir medios de producción. Sin embargo, en el esquema de Lenin la tasa de explotación permanece constante y no resuelve el problema planteado por Rosa Luxemburg.

c) *Esquema de J. Robinson*

		c	v	p	Producción bruta
Departamento	I	44	11	11	66
Departamento	II	16	4	4	24
				total	90

Departamento	I	48.4	12.1	12.1	72.6
Departamento	II	17.6	4.4	4.4	26.4
				total	99

Podemos señalar que J. Robinson simplificó el esquema. Ella no se dio cuenta de las condiciones del consumo, es decir, lo que se refiere a las proporciones necesarias entre los requerimientos de medios de consumo y lo que el Departamento II produce de éstos; el total del Departamento II es más pequeño que la cantidad requerida por los trabajadores y capitalistas de esos bienes. Quizás el siguiente error fue incidental.

$$I \quad (v + p) + II (v + P) = II (c + v + p)$$
$$30 \neq 24$$

las cantidades no se ajustan.

Rosa Luxemburg no sólo observó las restricciones del modelo de Marx en su superficie, sino también descubrió que si la composición orgánica $c/v = \overline{0}$ crece, la distribución entre el capital constante (c) y el capital variable (v) está predeterminada por la forma material del producto acumulado, en otras palabras, por la forma material de la plusvalía (de los medios de producción en el Sector I y los medios de consumo en el Sector II). Luxemburg señala también la contradicción interna de la reproducción que se establece entre la forma material de acumulación y su destino económico, y las dificultades que supone el intercambio entre los departamentos, con el fin de satisfacer la proporcionalidad y realizar el remplazo, es decir, cómo ajustar la oferta y la demanda.[5]

---

[5] "El supuesto de que no hay préstamo para un capitalista o para otro, marca una limitación sobre el modelo. No sólo

J. Robinson hace hincapié en que el supuesto de Marx según el cual con una composición orgánica del capital en todas las industrias los precios pueden llegar a ser proporcionales a su valor: "Marx ha hecho la tasa de explotación igual en los dos Departamentos y la relación de capital constante a capital variable más alta en el Departamento I. Esto es evidentemente una equivocación. Los dos Departamentos deben comerciar cada uno con el otro, a los precios de mercado, no en términos de valor. Por tanto, P_1 debe representar la ganancia correspondiente al Departamento I, no una proporción (la mitad en el ejemplo) del valor generado en el Departamento I. P_1/v_1 podría exceder P_2/v_2 a una extensión correspondiente a una composición orgánica mayor del capital en el Departamento I."[6]

Esta observación es interesante ya que el esquema debe partir de proporciones y de cierta estructura del total del producto social según el cual la reproducción se expande. La plusvalía debe medirse en términos de ganancia como bien propone J. Robinson, a precios de mercado. Sin embargo, la tasa de explotación y la composición orgánica se establecen partiendo de las condiciones reales.

En condiciones de dependencia y subordinación la tasa de explotación es alta debido a la existencia de diferencias tecnológicas entre los sectores de la economía. Las reservas de fuerza de trabajo son muy amplias y los salarios están fijados al límite o bajo el mínimo vital. La

puede el total de la tasa de inversión ser igual al ahorro planeado, pero la inversión en cada departamento puede ser igual al ahorro planeado, pero la inversión en cada departamento puede ser igual al ahorro en ese departamento y no sólo puede ser la tasa de incremento del capital ligada a un incremento en la producción de cada departamento, dictado por el incremento del capital en ese departamento, lo que puede ser dividido entre consumidores y productores de bienes en proporción compatible con la demanda para cada uno, dictado por el consumo y la inversión... planeada en cada departamento." J. Robinson, *op. cit.*, p. 63.

[6] J. Robinson, *op. cit.*, p. 63.

composición orgánica es reflejo en este caso del desarrollo desigual de la estructura productiva. La composición orgánica del capital no sigue la misma trayectoria que en las condiciones clásicas: no crece en términos absolutos.

El otro problema es el que se refiere a los propietarios del dinero: ¿cómo realiza su rotación el capital constante?, ¿cómo circula el dinero? Según Luxemburg, Marx no da una solución, debido al nivel de abstracción en el cual trabajó y por agrupar a los capitalistas de ambos sectores sin distinguir la esfera de acción de sus capitales.

A pesar de que Marx no desarrolló este momento de la reproducción, apuntó su correcta solución "... de lo incidental se concluye que cualquier capital-dinero permanece detrás del productor de mercancías y adelanta al capitalista industrial capital-dinero (en el estricto significado de la palabra, v.g. capital-valor en la forma de dinero), el punto real de reflujo de este dinero es la bolsa de este capitalista propietario del dinero. Así, la masa del dinero circulante pertenece al Departamento del capital-dinero el cual es organizado y concentrado en la forma de bancos, etc.; a pesar de esto, el dinero circula más o menos por todas las manos. El sentido en el cual este Departamento adelanta su capital necesita el continuo reflujo final en la forma de dinero; en la misma forma es traído otra vez por la reconversión del capital industrial en capital dinero.

"La circulación de las mercancías, casi siempre requiere dos cosas: mercancías, las cuales están dentro de la circulación, y dinero, el cual está del mismo modo dentro de ella. El proceso de circulación no está directamente ligado al trueque de productos, va extinguiéndose sobre el cambio de lugares y manos de los valores de uso. El dinero no desaparece o sale fuera del circuito de la metamorfosis de una mercancía dada. Ésta constantemente se precipita dentro de los nuevos lugares en la arena de la circulación dejados vacantes por otras mercancías", etcétera.

Las proposiciones de Rosa Luxemburg sobre este tema, en el capítulo V de su libro *La acumulación de capital*, son extremadamente notorias en relación con el capital constante, lo que se liga naturalmente a su primera objeción.[7] Marx, en la segunda subsección del capítulo XX, tomo II de *El capital*, da una correcta solución, según la cual el dinero atesorado existe y en diferentes períodos de tiempo una cierta cantidad de dinero (el producto de las amortizaciones) es atesorada. Así, hay dos grupos de capitalistas: aquellos que tienen que remplazar sus medios de trabajo en un período de tiempo apropiado, y aquellos cuyos medios de trabajo transfieren su valor, sin una inmediata renovación. El primer grupo compra sin vender y el segundo vende sin comprar.

Marx especifica en su discurso un hecho olvidado por Luxemburg, el capital en su movimiento se yuxtapone en sus diferentes formas (capital-dinero, capital-productivo y capital-mercancía) en el espacio y en el tiempo. Pero Luxemburg estuvo en lo cierto al decir que estos dineros atesorados son depositados en los bancos y que su presencia no es evidente en el esquema de Marx.

Finalmente, el esquema marxista acorde con Luxemburg no expone el carácter contradictorio en el cual la reproducción tiene lugar. No hace evidentes las contradicciones inherentes a este proceso entre las condiciones de explotación de la fuerza de trabajo y las condiciones de realización de la plusvalía, lo cual, según la teoría de Marx (tomo III), enfrenta severas restricciones que se derivan de los límites del consumo impuestos por las tendencias a acumular del capitalista, un creciente grado de expansión del capital y la reducción del consumo de los trabajadores a un mínimo vital; estas condiciones condicionantes tienden a incrementar la plusvalía[8] y los antagonismos en las condiciones de la distribución.

[7] Véase Rosa Luxemburg, *op. cit.*, p. 341.
[8] Rosa Luxemburg se refiere a Marx en este sentido: "Las condiciones directas de explotación y aquéllas referidas a la realización de la plusvalía, no son idénticas. Ellas están separadas no sólo lógicamente, sino también por el tiempo y el espa-

Sumariamente, se puede decir que las discusiones que
Rosa Luxemburg hace acerca de los supuestos de Marx
fueron desde posiciones científicas, aunque sus razones
sean insuficientes para negar la validez total de los esquemas de reproducción, que sólo intentaron establecer leyes
de orden general referidas al movimiento de capital
social. Por esta razón Marx se abstrae de determinaciones, no necesarias para su objeto de estudio ni necesarias en el lugar en el cual el discurso las requería; sin
embargo, esas abstracciones reaparecen en el momento
correcto, como Luxemburg misma reconoce, en el tercer
volumen.

Resumiendo: Rosa Luxemburg incorpora a la teoría
marxista de la reproducción de capital social, al menos
los siguientes elementos: la necesidad de que los esquemas debieran expresar el cambio tecnológico y el cambio
en las tasas de explotación; la necesidad del capital-
dinero como la premisa y punto final del movimiento del
capital social; la necesidad de fijar los límites del mercado y la contradicción interna entre producción y consumo. Las soluciones propuestas por Luxemburg a las
"contradicciones" de la teoría de la reproducción del
capital social de Marx, son las siguientes: la necesidad
de un mercado exterior[9] para realizar la plusvalía; el

cio. Las primeras están sólo limitadas por el poder productivo
de la sociedad, las últimas por las relaciones proporcionales de
las diferentes ramas de producción y por el poder de consumo
de la sociedad. Este poder de consumo no está determinado ni
por la productividad absoluta ni por el poder absoluto de
consumo, pero por el poder de consumo basado en las condiciones antagónicas de distribución, las cuales reducen el consumo
de las grandes masas de la población a un mínimo variable
dentro de los límites más o menos. El poder de consumo es
además, restringido por la tendencia acumulada, el grado para
una expansión de capital y una producción de plusvalía
sobre una escala ampliada." R. Luxemburg, op. cit., p. 344.
    [9] Kalecki en su libro Teoría de la dinámica económica
dice: "la conexión entre la ganancia 'externa' y el imperialismo, es evidente, la batalla por la división de los mercados externos y la expansión de los imperios coloniales que provee nuevas

gasto militar, "militarización de la economía", como un medio para realizar la plusvalía y finalmente la coexistencia de diferentes modos de producción subordinados al modo de producción capitalista.[10] Dichas soluciones sin duda representan intentos por establecer algunas determinaciones particulares del imperialismo,[11] desarrolladas más tarde en algún sentido por Lenin en su libro *Imperialismo, etapa superior del capitalismo*.

Las críticas sobre la cuestión del mercado externo pueden ser brevemente resumidas: Kalecki dice al res-

oportunidades para la exportación de capital asociado con la exportación de mercancías, podría ser interpretado como un esfuerzo para obtener un excedente de exportación, la clásica fuente de la ganancia externa. Los programas militares y las guerras, generalmente financiadas a través de un déficit en el gasto, son también una fuente de esta suerte de ganancia".

Esta observación está en relación con la primera proposición de Rosa Luxemburg, acerca del mercado externo para la realización de la plusvalía. De otra parte, no sólo el mercado externo supone esta realización; en nuestros días no sólo se supone la liga entre las condiciones del producto social global y su realización en las economías monopolistas y la realización en las economías dependientes dominadas, sino también se imponen a través del mercado externo los límites y la escala de la reproducción, la estructura interna y el aparato productivo tal como lo veremos más adelante.

[10] "El capitalismo viene al mundo y tiene un histórico desarrollo en un ambiente no capitalista. En éste, hace su camino hacia la acumulación capitalista. El capitalismo necesita para su existencia y desarrollo estar rodeado por formas no capitalistas de producción, como mercados de estratos sociales no capitalistas para realizar su plusvalía. Éstos, a su tiempo, constituyen fuentes de adquisición de sus medios de producción y son también reservas de trabajadores para su sistema asalariado... la producción capitalista ha estado calculada, con relación a sus formas de movimiento y leyes, desde su aparición en la tierra, tomando como un almacén de las fuerzas productivas, el total de la tierra." Rosa Luxemburg, *op. cit.*

[11] Rosa Luxemburg "preocupada en mantener que los desequilibrios, las crisis y las fuentes para los mercados externos son aspectos particulares del capitalismo... esta selección de esas variables constituyen su desarrollo en el largo plazo". B. Toro Toloza, *op. cit.*, p. 22.

pecto que las importaciones en el mercado externo absorben magnitudes equivalentes a las exportaciones. Así, la realización de la plusvalía no tiene lugar a través de este mecanismo. O. J. Valier dice, con referencia al mercado externo, en un sentido restringido, que éste realiza la plusvalía y que el mercado externo es necesario para estimular la inversión. M. Dobb señala la inexistencia de un mercado externo con un rígido patrón que sólo absorbería medios de consumo.[12]

Finalmente, no estableció en su teoría de la reproducción del capital social (la cual se encuentra a través de toda su exposición, al menos en los tres tomos de *El capital* y en los *Grundrisse*), la necesaria realización en la reproducción de ciertas y determinadas proporciones, pero para que tenga lugar la reproducción del capital en escala ampliada, se requieren determinadas leyes de la proporcionalidad.

Además, señala que la proporcionalidad está dada a través de la no proporcionalidad, en otras palabras, como todas las leyes inherentes al modo de producción capitalista, la ley tiene lugar a través de su incumplimiento, las crisis restablecen el equilibrio roto por las contradicciones básicas del sistema.

Esta larga observación sobre la serie de modificaciones a los supuestos de la reproducción del capital en países dependientes, nos permite señalar que esos esquemas pueden servir como un instrumento de interpretación de las condiciones en las cuales la reproducción del capital social tiene lugar en países dependientes y subor-

[12] Para la polémica alrededor de las proposiciones de Rosa Luxemburg, se pueden ver los siguientes autores: M. Kalecki, "El problema de la realización visto por Tugán-Baranovski y Rosa Luxemburg", en *Ensayos escogidos sobre la dinámica de la economía capitalista*, México, Fondo de Cultura Económica, 1978; Rosa Luxemburg y Nicolai Bujarin, *El imperialismo y la acumulación de capital*, Córdoba (Arg.), Cuadernos de Pasado y Presente, 1975; Maurice Dobb, "On economic theory and socialism", *Collected Papers*, Londres, 1965; J. Valier, en *Teoría marxista del imperialismo*, Córdoba (Arg.), Cuadernos de Pasado y Presente 10, mayo de 1969.

dinados. Esas economías no siguen el mismo curso que la teoría clásica de la acumulación capitalista. Las determinaciones reveladas por Rosa Luxemburg nos permiten ubicar el lugar que las economías dominadas guardan en relación con las economías monopolistas dominantes, no sólo a través del mercado externo sino también en relación con los patrones de reproducción del capital social de esas economías. Su condición neocolonial determina características particulares de su reproducción interna las cuales quisiéramos pasar a estudiar ahora.

II. MODELO TEÓRICO DE INTERPRETACIÓN

A. LA ACUMULACIÓN EN EL CAPITALISMO
EN CONDICIONES DE DEPENDENCIA
Y SUBORDINACIÓN

Veamos la especificidad con que se produce el proceso de producción de las mercancías, la manera constante y reiterada en que se producen la fuerza de trabajo, el capital total de la sociedad; cómo en fin se reproducen las relaciones sociales de producción en el capitalismo bajo las condiciones de dependencia.

a) *Supuestos modificados en el análisis de la reproducción simple dependiente*

Para establecer la especificidad en que se dan las proporciones y operar las leyes de la reproducción en nuestro capitalismo, tendremos que modificar los supuestos del esquema clásico de Marx, e introducir cambios que para nuestro caso son de gran relevancia, entre otros:

1. Como el producto social global no contiene los elementos materiales de la producción y del consumo, es decir, de la realización, es necesario intro-

ducir el mercado exterior y situarlo como una necesidad para reponer en cuanto a valor y a valor de uso, los elementos materiales de la producción. Entonces, el supuesto de la existencia de esos dos departamentos al interior de la economía, está sólo dado en parte, la economía monopolista dominante completa un Sector I que aún no está totalmente definido.

2. La plusvalía (trabajo no retribuido), en gran medida es transferido a las economías centrales. Este supuesto está ligado a las condiciones en que se realiza la acumulación en las economías dependientes y subordinadas. Las tasas de explotación no son constantes y se sitúan entre 150 a 300% como veremos en los esquemas que propondremos más adelante.

3. La composición orgánica del capital (c/v), está impuesta desde fuera a nuestras economías y varía según sectores y ramas por el carácter deformado, y a saltos en su desarrollo, de la estructura productiva. Por esta razón algunos cambios son propuestos en la relación c/v, por lo que el progreso técnico será incluido en los esquemas.

4. La estructura cualitativa del producto social global está predeterminada por: una composición orgánica diferenciada; tasas de explotación creciente; una baja relación de producto-ingreso y una creciente eficiencia del trabajo vivo. Por tanto, la *predeterminación* de la estructura del producto social global por esos factores, se expresará en una proporcionalidad subordinada.

5. La rotación del capital constante será tomada aquí como un elemento del carácter subordinado de la producción. La vida física del capital que proviene del exterior es prolongada por la aplicación de tecnología de baja productividad en las economías monopolistas dominadas. Como consecuencia, la fuerza de trabajo es sometida a altas tasas de explotación.

6. En cuanto a valor, la reproducción ampliada de la economía capitalista dominada requiere de créditos del exterior (una acumulación por medio del endeudamiento), porque la entrada de divisas por las exportaciones y la producción de plusvalía (cautiva por la presencia del capital extranjero en las ramas estratégicas de la economía), no permite cubrir los requerimientos (en valor) para establecer las proporciones de la reproducción ampliada del capital. Esto es una característica relevante de acumulación del capital en condiciones de dependencia y subordinación.

7. Un desarrollo preferente del Sector II (productor de bienes de consumo) y un incipiente desarrollo del Sector I (productor de medios de producción) es definido por el carácter subordinado y dependiente del proceso de industrialización. *En el modelo que propondremos, este desarrollo desigual sectorial será evidenciado.*

b) *Expresión particular de las leyes de la reproducción simple en las economías dependientes*

1. Condición general de la reproducción simple en condiciones de subordinación y dependencia

La condición general de la reproducción simple[13] que expresamos en la fórmula I $(c + vp)$ = IIc, se enfrenta en las condiciones del capitalismo en los países atrasados, a una separación de ambos sectores: de una parte, en cuanto producto de medios de producción para producir medios de producción Sector I, tal sector se encuentra fuera de la economía, en el "centro" industrial imperia-

[13] En el análisis de la reproducción simple, ésta tiene lugar justo como instrumento para situar los cambios que el esquema sugiere bajo las condiciones de acumulación dependiente y subordinada. La reproducción simple no está ni en el análisis de Marx ni aquí, en el estado histórico de las economías capitalistas dominadas.

lista; de otra parte, la economía dominada es receptora de estos medios de producción. La economía subordinada depende del comercio exterior (coeficiente de importación), para reponer en valor de uso y en cuanto a valor, los elementos materiales de reposición, sobre todo de máquinas en ambos sectores. El intercambio entre ambos sectores se realiza, no al interior de la economía, sino fuera de ésta necesariamente, por el control tecnológico que los centros industriales monopolistas detentan y por el hecho de que la economía dependiente, en su nivel de desarrollo industrial, no ha alcanzado el nivel de la producción de maquinaria para producir máquinas. Es decir que, en algunos países, el Sector I no ha alcanzado un desarrollo integral tal que le permita esta producción.

Es a partir de esta condición general de la reproducción que se configura una determinación de la reproducción del capital social, *la de ser dependiente* para su realización de los países altamente industrializados; esta determinación, como veremos en la reproducción ampliada, se enlaza con un nivel de composición orgánica diferenciada por el crecimiento desigual de la estructura productiva y se define una *proporcionalidad de la reproducción social subordinada* en la economía dependiente.

Rosa Luxemburg pone atención a los supuestos de los cuales Marx se abstrae en su teoría de la reproducción del capital social; señala una serie de problemas no *resueltos* y los discute e introduce en forma científica en la polémica de la Economía Política. Aquí quisiéramos decir que la lectura de sus libros, en especial *La acumulación del capital*, y en particular la Sección iii de éste, sugirió la siguiente idea metodológica.

A través de la forma material del producto y su realización, no sólo las economías dominantes imponen el nivel del intercambio (la proporcionalidad) de los Sectores I y II, determinando con ello la estructura productiva, sino que al determinar la forma material de los medios de producción (carácter de la tecnología) que conciernen a la economía dominada, predeterminan:

a) La forma material de producto que se exportó (especialización en productos tradicionales).

b) Los productos para el consumo interno, por la imposición de patrones de consumo, obligados éstos por la tecnología adoptada.

c) La forma material de los productos intermedios, los cuales completan procesos más sofisticados en las economías dominantes (la producción de las industrias maquiladoras).

En la distribución del capital en c (constante) y v (variable) impuesto, es donde reside la causa de la reproducción del capital subordinada y dependiente.

Esta proporcionalidad subordinada, y esta dependencia para reponer los bienes de capital, no expresa sino las condiciones del cambio tecnológico en nuestras economías; la separación del Sector I de la economía interna obliga a enlazar la reproducción del capital social de las economías industrializadas a través de la transferencia de la tecnología obsoleta en unos casos (prolongando la vida física y de transferencia del valor del capital fijo), y en otros, de sustitución tecnológica de sectores productivos altamente tecnificados en busca de altas tasas de ganancia en las condiciones de país dependiente[14] y con desocupación crónica.

Un supuesto que aquí tendrá que rebatirse es el de la separación en dos sectores; es necesario, para observar el carácter dependiente de la reposición de los medios de producción y la proporcionalidad subordinada a que el control y dominio tecnológico obligan, desagregar el Sector I en una serie de subsectores de la industria de transformación, lo que nos permitirá ver en detalle este dominio y hacer relevante otra característica de la

---

[14] Una salida de la crisis estructural que padece el sistema capitalista podría ser la transferencia de tecnología de las metrópolis a las áreas "subdesarrolladas", permitiendo la sustitución compleja de importaciones y, por tanto, el desarrollo del Sector I, representando tal transferencia tasas altas de ganancia.

R.C.S.D., *la de ser un medio de transferencia del excedente*[15] por el control que de ciertas ramas estratégicas tiene el capital extranjero.[16]

Después de la segunda guerra mundial, la orientación del capital monopolista extranjero cambió su esfera de acción, es decir, transfirió de la industria extractiva a la industria manufacturera, los volúmenes de inversión directa e indirecta. La apertura, de una parte, de empresas subsidiarias de grandes conglomerados imperialistas en las ramas alimenticia, farmacéutica, química y petroquímica, construcción de maquinaria, y de otra, la existencia de créditos cautivos, hacen que el dominio y la hegemonía en esas ramas la tenga el capital monopolista extranjero.

Así, el carácter dependiente no sólo se refiere a los requerimientos del remplazamiento por medio del intercambio con la economía monopolista dominante, sino también por ese control sobre ramas estratégicas por parte del capital monopolista extranjero; la estructura productiva de las economías monopolistas dominadas es también frenada y subordinada.

En resumen, la ley general de la reproducción simple que resuelve las contradicciones entre la forma natural del producto (medios de producción, medios de consumo, artículos de lujo, materias primas) y su destino económico (Fondo Productivo y Fondo de Consumo de los capitalistas y trabajadores) en la condición de dependencia y subordinación, no está resuelta al interior de la dominada, sino que está ligada con la economía monopo-

---

[15] Sobre cada una de las determinaciones enunciadas: dependiente; complementaria; de proporcionalidad subordinada y de medio de transferir excedente nos extenderemos en detalle en el capítulo III de este trabajo.

[16] "La penetración del capital extranjero en el sector manufacturero proviene del hecho de que en la medida en que las grandes empresas extranjeras detentan el control de las nuevas tecnologías a través de la propiedad de las patentes, ellas pueden imponer los términos de su utilización en los países dependientes." Vania Bambirra, *El capitalismo dependiente latinoamericano*, México, Siglo XXI, 1974, p. 103.

lista dominante, la que controla parte del aparato productivo de la economía dominada.

Cuando la reproducción del capital social de la economía capitalista dominada se transforma en un momento de la reproducción del capital social de la economía monopolista dominante, define su condición de subordinada, dependiente y de complementaridad desigual de la economía capitalista dominante. Esto se expresa en las siguientes determinaciones.

1. La forma natural (material) del producto está determinada por el carácter de la tecnología usada y por el destino económico de éste (materias primas, mercancías tradicionales y manufacturadas), requerido por la economía monopolista dominante, y no puede, por su forma natural, remplazar los requerimientos internos de maquinaria de la economía subordinada.

2. La definición de un Sector I productor de medios de producción y su remplazamiento, se reduce en las economías capitalistas dominadas a las industrias metálicas básicas, al sector agropecuario y en una pequeña escala, a industrias de construcción de maquinaria. Los límites del cambio tecnológico son impuestos desde fuera por el control del conocimiento y su aplicación tecnológica, y en un sentido interno, por la estructura productiva desigual, por la demanda interna de esos bienes, cuya producción requiere de altas sumas de inversión y largos períodos de rotación del capital fijo.

De otra parte, el sector exportador (principalmente productos agropecuarios), no obtiene las divisas necesarias y la exportación de manufactura es muy restringida por la no competitividad de los productos manufacturados. El único camino para cubrir el déficit de nuestra balanza ha sido el crédito, el cual, por ser cautivo del sistema financiero monopolista (se destina al pago de intereses de la deuda, o tiene un destino obligado a la infraestructura o para cubrir el déficit del gasto gubernamental), no permite pasar a un proceso de sustitución compleja de las importaciones.

3. La salida de divisas (plusvalía) a través del pago

a la deuda, royalties, y ganancias, transfiere parte de la plusvalía la cual no se reinvierte (sino en poca proporción) en nuestras economías. La burguesía interna (caso de México) prefiere atesorar (en especial los terratenientes), sacar su capital al exterior (sector industrial), o invertir en el sector financiero para especular (la fracción financiera de la burguesía).

Así, las proporciones para definir la ampliación del Sector I (productor de máquinas), no pueden ser realizadas a través del capital generado internamente.

Por esta razón el capitalismo monopolista del estado en desarrollo, usa el endeudamiento para resolver estas contradicciones y ahonda la subordinación y la dependencia.

4. La reproducción en condiciones de dependencia no se realiza según las leyes del desarrollo preferente del Sector I. Sólo el Sector II, productor de medios de consumo, está desarrollado, los sectores tradicionales que están ligados al sector externo predominan dentro del Sector II. Sólo después de la segunda guerra mundial, el sistema productivo fue diversificado y comenzó a orientar su producción hacia el mercado interno. El Sector I, productor de medios de producción, comienza un lento crecimiento, siempre detrás del Sector II.

Mientras en las economías capitalistas industrializadas el sistema productivo recibe el impacto del cambio tecnológico debido a la libre circulación del capital entre las diversas ramas acorde con la libre competencia y el nivel promedio de la tasa de ganancia, en las economías dependientes el desarrollo desigual y las restricciones del sistema productivo hacen que tal impacto sea parcial, de ahí que nosotros encontremos industrias con tecnologías ahorradoras de mano de obra frente a industrias cuyo horizonte tecnológico es artesanal o arcaico.

El carácter subordinado y dependiente en México se expresa también en el desarrollo del Sector de bienes de consumo en forma preferencial, en un desarrollo desigual de la capacidad productiva y del sistema productivo, en el cual prevalece una agricultura polarizada, de una parte, con un polo que concentra el capital, la tierra de humedad, y el crédito, cuya producción es de exportación; de otra parte, otro polo donde se concentra una agricultura improductiva minifundista y de autoconsumo.

III. LEYES DEL INTERCAMBIO ENTRE EL SECTOR I Y LOS SUBSECTORES IIa Y IIb, EN UNA ECONOMÍA DEPENDIENTE (REPRODUCCIÓN AMPLIADA)

Ya en la exposición de la reproducción simple hice notar las condiciones generales del intercambio entre los subsectores IIa y IIb (medios de consumo), respecto del Sector I (medios de producción). Aquí sólo me detendré a fijar las condiciones en que opera esta ley de la proporcionalidad, a través del intercambio entre países atrasados y metrópolis imperialistas superindustrializadas.

El Sector I, el de producción pesada (maquinaria), se limita a unas cuantas ramas: construcción y reparación de maquinaria, construcción de vehículos, automóviles, industrias metálicas básicas y otras de este ramo o de la industria química (que se considera industria pesada), lo que hace que este Sector I poco diversificado, no pueda cumplir con la proporcionalidad impuesta por la ley del intercambio entre este sector y los subsectores IIa y IIb; para su cumplimiento se requiere de la importación creciente de bienes de capital no siempre adecuados a la reproducción del capital de las economías dependientes.[17]

El intercambio del Sector IIa (bienes de consumo obrero) y el Subsector IIb (bienes de consumo capita-

[17] "El endeudamiento crece (en México) al 12.2% anual por la aplicación de tecnologías inapropiadas." Leonel Corona Treviño, *Selección y uso de tecnologías en México, op. cit.*

lista) se encuentra desarrollado unilateralmente en nuestras economías, en países primarios exportadores por lo general se reduce un producto tradicional. En los países con cierto modo de industrialización las manufacturas se han desarrollado expandiendo su mercado con las clases medias y sectores.

En resumen, aunque se tiene una cierta diversificación del sector y se cubren las necesidades de consumo obrero y del consumo capitalista, los países con cierta industrialización (México, Brasil, Argentina) requieren de sus manufacturas para elevar el coeficiente de importaciones de materias primas y bienes de producción impuesto por el carácter de la tecnología adoptada.

La agricultura en estos países permanece como una fuente de divisas y soporta el proceso de industrialización en lo que a bienes de consumo y materias primas se refiere. Aunque en el caso de México, debido a la crisis del modelo comercial monopolista de desarrollo capitalista en la agricultura de 1971 hasta la fecha, se importan granos (maíz, trigo, frijoles, cebada), para cubrir el consumo interno.

En la base de este intercambio, a través del comercio exterior del Sector I y los Subsectores IIa y IIb para cumplir ciertas proporciones, se encuentra la subordinación tecnológica, la articulación de procesos productivos, y por tanto, la COMPLEMENTARIDAD y, finalmente, el desarrollo desigual y a saltos en el interior de las economías dominadas de estos subsectores.

Así, el esquema de la reproducción del Capital Social que ilustra este intercambio, debe tomar en cuenta el intercambio entre los sectores de la economía monopolista dominante y los subsectores IIa y IIb de la economía capitalista dominada. Y las condiciones de realización del total del producto social en el interior del Sector I (incipiente) y el Sector II (definido) de la economía capitalista dominada.[18]

[18] Morishima desarrolla un proceso para agregar las diferentes industrias en dos departamentos, resolviendo en algún sentido el problema de las diferencias entre los valores y los

Las condiciones del consumo que se expresan en la fórmula

$$\text{IIa } (c+v+p_1) + \text{IIv } (c+v+p_2) > \text{I } (v+p) + \text{IIa } (v+p_1) + \text{IIb } (v+p_2),$$

que se refiere a una determinada proporcionalidad entre la producción de bienes de consumo (medios de vida necesarios y artículos de lujo), y los requerimientos de éstos por los obreros y capitalistas de ambos sectores, tiene en nuestras economías dependientes una expresión diferente a su forma clásica.[19]

Se presenta una separación entre los dos subsectores IIa (medios de vida necesarios), y IIb (artículos de lujo), por el desarrollo industrial dependiente; el subsector IIb adquiere un desarrollo preferente obligado por el carácter de la industrialización subordinada, aunque en países como México esta producción se ha extendido, no sólo a las capas medias (burocracia y profesionales), sino a las clases populares mediante una intervención del estado en la distribución de productos; éstos, aunque diferenciados en calidad, han entrado en el consumo popular como artículos eléctricos confeccionados, etcétera.[20]

Esta producción industrial de mercancías manufacturadas, en alguna medida se ha convertido, en algunos países de América Latina, en un medio de elevar el

precios y multiplicando los valores individuales por un factor de proporcionalidad. Véase M. Morishima, *op. cit.*, pp. 93-104.

[19] . . . "Las nuevas técnicas de producción se vinculan a ramas industriales orientadas a tipos de consumo que, si tienden a convertirse en consumo popular en los países avanzados, no pueden hacerlo bajo ningún supuesto en las sociedades dependientes." M. Marini, *Dialéctica de la dependencia*, México, Ed. Era, p. 73.

[20] "Ahora bien, al concentrarse de manera significativa en las ramas productoras de bienes suntuarios, el desarrollo tecnológico acabará por plantear graves problemas de realización. El recurso utilizado para solucionarlos ha sido el de hacer intervenir al estado (a través de la ampliación del aparato burocrático, de la subvenciones a los productores y del financiamiento al consumo suntuario), así como a la inflación, con el propósito de transferir poder de compra de la esfera baja (consumo obrero) a la esfera alta (consumo de lujo) de la circulación." M. Marini, *op. cit.*, p. 73.

coeficiente de importación; la baja de éste por la disminución de los precios de las materias primas y la reducción de éstas en el volumen de las exportaciones,[21] impuso el endeudamiento como forma de resolver la proporcionalidad en cuanto a valor para reponer los factores productivos (máquinas), en el proceso de reproducción del capital social.[22]

El desarrollo del Sector II, mediante el crecimiento y diversificación del sistema productivo en aquellas empresas que producen bienes de subsistencia, al reducir la importación de tales bienes y debido al carácter subordinado y a las condiciones de un exagerado proteccionismo de parte del estado, tuvo un gran incremento en los últimos 25 años.

En México, como consecuencia de la política proteccionista, en este Sector II, la producción no es competitiva en el mercado exterior; por sus altos costos, por su baja calidad y por la poca diversificación de los bienes sustitutos, la producción del Sector fue destinada al mercado interno.

Asimismo, en México la reproducción del capital social resuelve su remplazamiento del Sector II internamente; este remplazamiento presenta una desproporcionada producción del subsector IIb (productor de artículos de lujo) frente al subsector IIa (productor de

---

[21] En el caso de México, este coeficiente de importaciones, que fue del 14% en 1960, cayó al 11.5% en 1970 y al 10.7% en 1971. En 1972 subió al 11.14% y en 1973 fue del 12.1%. Este coeficiente representa una relación entre el volumen de importaciones y el producto nacional bruto. En la etapa de la sustitución compleja de las importaciones se transforma en un importante factor, por la definición interna del Sector I, es decir, un modelo de desarrollo usando una diferente estructura de las importaciones (conocimiento tecnológico) y de las exportaciones (productos manufacturados y tecnología apropiada).

[22] Los créditos externos fueron: 188.9 millones de dólares en 1960; 342.2 millones en 1970; 450.6 millones en 1971; 546 millones en 1972; 1 403 millones en 1973: 6 000 millones en 1976, y poco más de 3 000 millones para 1978. Esto supone una dependencia financiera para cubrir los requerimientos de capital para la reproducción ampliada de capital social.

bienes de subsistencia). La agricultura permanece como el soporte del proceso de industrialización, a pesar de los reacomodos dentro de la estructura de la propiedad (neolatifundio-minifundio) y del carácter polarizado de la estructura de la producción agropecuaria (comercial de exportación —subsistencia de autoconsumo).

IV. CARACTERÍSTICAS DE LA REPRODUCCIÓN AMPLIADA DEPENDIENTE

Al igual que la reproducción simple, nuestra reproducción ampliada es en primer término de PROPORCIONALIDAD SUBORDINADA, lo que quiere decir que nuestra reposición de bienes de capital y la creación de bienes no duraderos, depende de la importación de máquinas y materias primas. Por tanto, las proporciones requeridas para ampliar nuestra producción se subordina a los "centros" superindustrializados, así como al ritmo de sustitución tecnológica y al rumbo de expansión del sector industrial.[23]

Esta reproducción ampliada se realiza en forma limitada, no sólo en cuanto a la reposición en cuanto a valor de uso (condiciones materiales), sino que también en cuanto a valor. Ello significa que los requerimientos de funcionamiento dependen del nivel de creación de capital fijo y del volumen de excedente (plusvalía), que sale al extranjero vía regalías, paga por patentes, ganancias, etc. Por lo que nuestra repro-

---

[23] En su trabajo *Selección y uso de tecnologías en México*, Leonel Corona Treviño dice: "La importación de bienes (principalmente de capital) crecerá de acuerdo a su cálculo, a una tasa del 14.1% por un año hasta 1982, contra 9.4% y 9.3% con tecnología constante en 1975 y 1960. En otras palabras, nosotros necesitamos una tasa superior al 5% en orden de satisfacer los bienes de capital requeridos para nueva tecnología."

ducción ampliada se ve restringida en cuanto a los volúmenes de plusvalía, que pueden ser capitalizados.[24]

Al estar los sectores estratégicos controlados por el capital extranjero, éste no sólo "desnacionaliza" las ramas industriales más dinámicas, sino que substrae el excedente y no lo capitaliza; al subordinar así la escala de nuestra producción a los requerimientos y estrategia del capitalismo monopolista norteamericano que consiste en mantener el desarrollo desigual de nuestras economías, nuestra reproducción se convierte en un *medio de extracción de la ganancia* generada en nuestra economía.

Nuestra acumulación (reproducción ampliada) cumple, en tercer término, con una COMPLEMENTARIDAD DESIGUAL en la que se nos imponen procesos tecnológicos atrasados, creación de tecnología restringida a máquinas-herramientas y partes de procesos productivos con baja composición orgánica que se complementarán en las industrias superindustrializadas de los países "metrópolis". Finalmente, esta complementaridad supone la sujeción del desarrollo de nuestra planta productiva a los requerimientos de las necesidades de reproducción del capital social de los "centros" monopolistas superindustrializados.[25]

La complementaridad supone el entrelazamiento del ciclo del capital monopolista imperialista y el ciclo del capital en las condiciones de dependencia y subordinación, al realizar bienes de capital y productos manufacturados en nuestros mercados, y al realizar procesos intermedios que serán complementados en el exterior (caso de las empresas maquiladoras).

[24] "La forma en que funcionan las empresas imperialistas: de las ganancias obtenidas, una parte, que es en general pequeña, se reinvierte; otra es *remitida* hacia el exterior por concepto de ganancia que se incrementa indirectamente a través de pagos de royalties, pagos de servicio técnico y de depreciaciones, cuyo resultado es la descapitalización de la economía." Vania Bambirra, *op. cit.*

[25] Esta característica será ilustrada más adelante con el ejemplo de las industrias maquiladoras (*Ix-Bond*).

V. CONTRADICCIONES DE LA REPRODUCCIÓN DEL CAPITAL SOCIAL EN UNA ECONOMÍA DEPENDIENTE Y DE PROPORCIONALIDAD SUBORDINADA.

La determinación de la reproducción del capital social, según la cual ésta es el *medio de transferencia de excedente*, genera una contradicción al interior de la economía dependiente. Aunque la acumulación del capital (cuya forma es la reproducción ampliada del capital social), tiene lugar y supondría por tanto que se realizaran en valor y en valor de uso los sectores I y II en cuanto a capital constante, ocurre que la plusvalía a capitalizar para tal efecto se transfiere al país imperialista en cierta medida.

Aún más, lejos de resolverse la contradicción manifiesta entre el destino natural y la forma económica de la reposición del capital constante de ambos sectores, se presenta esta contradicción, que se ahonda por cuanto que nuestras economías, al estar penetradas por el capital monopolista en los sectores punta (manufactura y ahora industria pesada), esta inversión directa e indirecta obliga a importar bienes de capital y a la salida a las matrices de excedente por concepto de servicio (conocimiento técnico, tecnología, etc.), además de la salida de excedente por regalías e intereses.

Nuestra acumulación (reproducción ampliada del capital social), se ve así mermada e impedida de cumplir la reposición en valor de los medios de producción y de impulsar la creación del sector de medios de producción, para producir medios de producción.

La segunda determinación, *el carácter dependiente de nuestra reproducción*, que supone que la reposición de bienes de capital se realiza en las metrópolis imperialistas, genera al interior de nuestras economías una contradicción.

Mientras la R.C.S.[26] impone por su dinámica que se

[26] Reposición del capital social.

desarrolle de manera preferente el Sector I (de medios de consumo), resulta que contradiciendo esta ley, es el Sector II el que se define como sector preferente,[27] la razón de esta contradicción es el carácter dependiente y subordinado de la reposición del capital social de nuestras economías.

Esta contradicción se expresa en la separación de los productores (nuestros países), de las condiciones de su reproducción ampliada del capital social, es decir, la enajenación de las condiciones de producción.

Se especializa una estructura productiva que ahonda esta dependencia, y que se especializa en procesos que se imponen desde fuera, técnica y organizativamente; dejando de este modo el desarrollo de las fuerzas productivas a las decisiones de los centros monopolistas o de las divisiones transnacionales generadoras de decisiones tecnológicas y su aplicación a procesos productivos en nuestras economías.

La determinación enunciada, *la del carácter complementario y desigual de la reproducción* del capital social de nuestra economía, que convierte nuestra reproducción *en parte,* en un momento de la reproducción del capital social norteamericano, genera una serie de contradicciones al interior de nuestra economía.

El hecho de importar bienes de capital para reponer en ambos departamentos el capital constante, supone que el sector productivo, además de imponérsele tecnología de baja productividad ahorradora de mano de obra y, por tanto, tecnología que somete a altas tasas de explotación, se le somete de otra parte al papel de complementar el ciclo del capital imperialista, al prolongar el tiempo de circulación del capital fijo más allá de su amortización (física o moral). Así, la reproducción ampliada de las relaciones (acumulación) del modo capitalista de producción en condiciones dependientes,

---

[27] En algunos países al subsector (b) del Sector II (productor de bienes de lujo) se le asigna gran importancia para abatir costos y sumar estos productos a las sociedades de subconsumo masivo.

sirve para los fines y las necesidades de la acumulación del capital monopolista norteamericano.

Esta complementaridad se extiende a la elaboración de productos intermedios de procesos más especializados, a la creación de puestos de trabajo de industrias "gemelas" y a la ampliación de los mercados imperialistas en las fronteras (caso de México) de los países dependientes. La contradicción que se expresa aquí (y que está en desarrollo) es que la economía dependiente y subordinada de nuestros países tiende a integrarse por medio de procesos intermedios de producción, por medio de adopción de patrones de consumo al mercado de estos productos, así como a integrar a la fuerza de trabajo barata y a altas tasas de explotación, a los costos y a la creación de las ganancias en las mercancías que pudiéramos llamar "gemelas". Así, la estructura productiva interna se desarticula, por la integración de una parte de ellas (cada vez mayor) a la industria monopolista de economía superindustrializada.

En países como el nuestro, tal complementaridad desigual se refleja en una industria con un desarrollo desigual intersectorial, que aunado a la industria "gemela", va situando nuestra reproducción en un nivel de integración cada vez mayor a la reproducción del capital social de Norteamérica, en lugar de que nuestra reproducción del capital social generara un desarrollo integral de nuestro sector productivo.

Tales características de la acumulación suponen, sin embargo, no un sometimiento y subordinación total de nuestra reproducción y las leyes de su proporcionalidad, sino que aun siendo predominantes, existen rasgos de autonomía relativa por procesos históricos internos: la Revolución mexicana, la reforma cardenista, la formación de la burocracia política —producto ésta de la liquidación de los principales caudillos de la Revolución, del proceso de institucionalización y del uso de las funciones del estado que la constituyeron como un organismo social (categoría), que no proviene de fracciones de la burguesía, y que mantiene la hegemonía política.

De otra parte, están las fracciones de la burguesía que se consolidaron en estos años y cuyo poder monopolista constituye la base principal de la acumulación. La clase obrera y el proletariado son fuerzas emergentes, que hoy proclaman su papel en el proceso y que, sin lugar a dudas, son elementos centrales de la lucha de clases y no pueden ser excluidos del proyecto político. Estos factores internos modifican la visión económica del proceso de acumulación en México; en la última parte adelantaremos algunas ideas para su discusión. El fin es apreciar en forma no "dependentista" y más rica el funcionamiento del sistema político y social mexicano.

CAPÍTULO TERCERO

I. MODELO EMPÍRICO DE INTERPRETACIÓN-
ESQUEMAS DE LA REPRODUCCIÓN
DEL CAPITAL SOCIAL EN MÉXICO

A. OBJETIVOS DEL MODELO

En el capítulo I establecimos un análisis histórico y descriptivo de los procesos de industrialización y también
lo caracterizamos como subordinado y dependiente, en
una crisis estructural y bajo los estragos de una recesión
cíclica coyuntural.

Ahora, debemos sistematizar esta información en un
modelo matemático, siguiendo los lineamientos de los
esquemas marxistas de la reproducción del capital
social, para definir en nuestro análisis esas características que sugerimos son propias a la formación económica
y social en condiciones de dependencia y subordinación.

Para establecer la forma particular en la que las leyes
de la proporcionalidad aparecen dentro de las condiciones de dependencia, subordinación y complementaridad desigual, partimos del argumento de Marx, en el
que dice que el movimiento de las relaciones sociales de
producción se expresan por sí mismas en la acumulación
del capital.

Delineamos para el caso de México, país capitalista
dominado, las peculiaridades de la acumulación de capital y sus características: dependiente, medio de transferencia de ganancia al exterior y de complementaridad
desigual.

También sugerimos como las causas más generales del
atraso y la explotación de México: el carácter predeterminado de la composición orgánica del capital, de la

estructura del producto bruto social, de la tasa de explotación y la tasa de ganancia. En otras palabras, establecimos las condiciones de la reproducción del capital social bajo las leyes de la proporcionalidad subordinada. El proceso de reproducción está determinado por una proporcionalidad subordinada impuesta desde el exterior, lo que resulta del hecho de que en un país dominado, el producto social no contiene los elementos materiales de la reproducción, sobre todo los medios de producción. Por ello, el consumo productivo en nuestros países depende casi en su totalidad del producto industrial de los países imperialistas, en el caso de México, especialmente de Estados Unidos. En otras palabras, la escala de acumulación en este aspecto depende de los países desarrollados y es determinada, en gran parte, a través de importaciones de maquinaria y materias primas industrializadas, cuya utilización es impuesta desde fuera. Esto transforma la reproducción del capital en una reproducción complementaria; extiende la realización de los medios de producción hacia los mercados dominados y, finalmente, enlaza el ciclo del capital monopolista dominante con el ciclo del capital dominado.

Los esquemas siguientes proporcionarán los elementos empíricos para probar esta hipótesis principal de nuestro trabajo y las características adquiridas por la acumulación del capital social dependiente. Se establecerán a su vez las relaciones centrales del proceso de acumulación; esas relaciones son: las relaciones entre la composición orgánica predeterminada, la tasa de ganancia, la tasa de plusvalía, la relación del ingreso-producto y la productividad del trabajo, bajo las condiciones de una economía dependiente y subordinada.

Finalmente, los esquemas nos permiten establecer las características de la reposición entre la economía monopolista dominante y la capitalista dominada, y las características de la proporcionalidad subordinada que se siguen de esto.

B. EL PROCESO DE FORMULACIÓN DE LOS ESQUEMAS

Para establecer una aproximación de las categorías de las cuentas nacionales a las categorías marxistas, hemos elaborado un proceso de agregación en dos sectores productivos. Con el apoyo empírico del capítulo III, intentamos aproximar nuestros conceptos estadísticos a los conceptos de Marx tales como capital constante, capital variable y plusvalía.

El concepto de Marx de capital constante agrupa tanto al capital circulante como al capital fijo. En el modelo que proponemos, incluimos los stocks de capital, que se distribuyen en la forma siguiente: formación interna de capital fijo; depreciación del capital fijo (en la teoría de Marx esta depreciación está considerada como producto de sí misma, ya que el capital constante incluye ambos insumos producidos(flujos intersectoriales), y la depreciación del capital fijo; existencias de capital fijo y capital circulante (consumo intermedio). En el modelo, esta partida corresponde a los insumos intersectoriales.[1]

Para Marx, la división del capital en variable y constante, representa los diferentes papeles desempeñados por esos elementos en la creación de valor, por otro lado la división de capital fijo y circulante representa los diferentes papeles desempeñados por los factores de la producción en la circulación del capital.

Hasta aquí, tenemos la división entre capital constante y variable, y dentro del primero, incluimos la de capital fijo y circulante. En relación al capital variable, tomamos dentro del cómputo sólo salarios pagados a los trabajadores productivos y excluimos los salarios pagados a los trabajadores improductivos.[2]

[1] El modelo propuesto por E. Wolf tiene una aproximación similar, E. Wolf, "The Rate of Surplus-Value in Puerto Rico", Journal of Political Economy, 1975.
[2] Shane Mage, en su tesis de doctorado The labour: The failing tendency of the rate of profit: "Él incluye sólo los

En lo que concierne a la plusvalía, en el modelo capital-ingreso, el factor está en concordancia con el concepto de ganancia en Marx. Los esquemas están referidos a la producción manufacturera y al sector agrícola; Éstos están en un nivel intermedio de aproximación; un nivel general podría ser la presentación de la matriz insumo-producto y, más en particular, podría ser para la industria de bienes de capital; así los esquemas extraen dos sectores estratégicos de un modelo de conducta general de la economía nacional y establecen las principales relaciones entre las dos economías: la monopolista dominante y la economía capitalista, subordinada y dependiente.

Proceso de agregación en dos sectores

¿En qué consiste el proceso de agregación en dos sectores y dos subsectores para la formulación de los esquemas? Primero que nada, los esquemas están referidos a la producción manufacturera y al sector agrícola y ganadero. La industria manufacturera fue separada en: el Sector Ia_1, productor en pequeña escala de medios de producción, y el Sector IIa_2, productor de productos manufacturados.

Para 1950, 1960 y 1967, el Sector Ia_1 estaba constituido por las ramas 29 a la 34 de las cuentas nacionales:
29. Industrias del metal, hierro fundido, cobre y otros.
30. Fabricación y reparación de otros productos metálicos.
31. Construcción y reparación de maquinaria.
32. Construcción y reparación de maquinaria eléctrica, accesorios, aparatos y artículos eléctricos.

salarios por renglones productivos, mientras que por otro lado, todas las ganancias de los negocios son designadas como plusvalía. Estas dos correcciones están perfectamente de acuerdo con la importancia del análisis de Marx." Véase Ernest Mandel *Late capitalism*, Londres, New Left Review Editions, 1975, pp. 165-167.

33. Construcción y reparación de material de transporte y equipo.
34. Construcción de vehículos de motor. (Véase cuadro 14.)

Para 1970, el Sector Ia_1 estaba constituido por las ramas 34, 36, 37 y 38 del "Anuario Estadístico de la Secretaría de Industria y Comercio":

34. Industrias de Metales básicos.
36. Construcción de Maquinaria agrícola.
37. Construcción y ensamblado de vehículos.
38. Construcción de carrocerías.

El Sector IIa_2 estaba constituido por las ramas 7 a la 28 y por la 35, 37, de las cuentas nacionales, que pertenecen a las ramas de la industria manufacturera. (Véase cuadro 9.)

El subsector IIa_3 (productor de productos agrícolas y agropecuarios) estaba constituido por dos ramas: la agricultura y la ganadería, 1 y 2 de las cuentas nacionales.

Este sector agropecuario fue incluido en los esquemas debido a su importancia como medio de acumulación de capital, a través de la transferencia de plusvalía a otros sectores, y porque cumplió con una buena parte de los requerimientos que el desarrollo industrial, mediante la sustitución fácil de importaciones, necesitó.

Finalmente, un supuesto fue introducido en los esquemas acerca del cambio tecnológico, al establecer una diferente composición orgánica de capital $c/v = \overline{0}$. También fueron introducidas diferentes tasas de explotación y el intercambio con la economía dominante por medio del comercio exterior.

El modelo fue elaborado con cifras a precios de 1960, así, el tan llamado problema de transformación no fue un problema empírico para ser resuelto aquí, aunque como señalamos en las limitaciones del modelo, la transformación del valor en precios puede constituir la base para un trabajo futuro.

C. LIMITACIONES DEL MODELO

Los dos sectores del modelo son la industria manufacturera y el sector productor de productos agrícolas y ganaderos, por eso tenemos que decir que el modelo no se refiere a la economía nacional, y es nivel intermedio de aproximación a ella.

Nuestra presentación sigue los esquemas marxistas, permitiendo establecer las condiciones para operación de las leyes de la reproducción del capital social dentro de una economía subordinada. No obstante, la presentación de la matriz matemática, nos permitiría utilizar coeficientes técnicos, el modelo dinámico nos permite así observar el suministro de material tecnológico (destino y origen), y hacer relevante la proporcionalidad subordinada.[3]

Las matrices desarrolladas para este ensayo, para 1950, 1960 y 1970, pueden ser una base para resolver la presentación de la matriz, y para probar el método seguido por Morishima, establecido en "Aggregation in Leontief Matrices and the Labour Theory of Value",[4] y utilizando, para la transformación de precios de mercado a valores, el modelo de E. Wolf, que es el camino opuesto al seguido por Marx.[5]

La matriz para 1970, careció de una cifra importante, la de valor agregado, lo que hace difícil la utilización de los datos para realizar la transformación de precios a valores y el cálculo de la tasa de plusvalía y la relación

---

[3] Algunas presentaciones matemáticas, en orden de prioridad, las cuales pueden ser usadas en el futuro son: a) M. Mori·hima, *Marx's economics*, Cambridge, Cambridge University Press, 1973; b) O. Lange, *Theory of Reproduction and Accumulation*, Londres, Pergamon Press, 1969, p. 29; c) M. Kalecki, *Teoría de la dinámica económica*, México, FCE. 1973.

[4] M. Morishima, "Aggregation in Leontief matrices and the labour theory of value", *Econometrics*, 29 (abril de 1961), pp. 203-220.

[5] E. Wolf, *op. cit.* "The Rate of Surplus-Value in Puerto Rico." *Journal of Political Economy*, 1975.

de ganancia a salarios en términos de precios "transformados".

Pasemos a la presentación matemática y empírica del modelo de reproducción del capital social en México.

D. REPRODUCCIÓN DEL CAPITAL SOCIAL EN MÉXICO; MODELO DE DOS SECTORES Y DOS SUBSECTORES

La dinámica de la reproducción del capital social en México

En el primer ciclo (1950) la acumulación de capital fue la siguiente: En el Sector Ia_1 M.P., la plusvalía acumulada fue distribuida de la siguiente manera: 7 894 millones invertidos en capital constante (c_1), y 1 083 millones invertidos en capital variable (v_1). Al final del ciclo la plusvalía extraída (P_1) fue de 683 millones de pesos.

En el Sector IIa_2 p.m. la distribución de la plusvalía acumulada fue de 33 649 millones invertidos en c_2 y 8 719 millones invertidos en v_2. Al final del ciclo, la plusvalía extraída (P_2) fue de 6 251 millones de pesos.

En el Sector IIa_3 p.a. la distribución de la plusvalía acumulada fue de 13 716 millones invertidos en c_3 y 3 897 millones en v_3. Al final del ciclo, la plusvalía obtenida en este sector (P_3) fue de 8 000 millones de pesos. En este primer ciclo (1950) 55 259 millones de pesos de medios de producción fueron requeridos para el consumo productivo de ambos sectores (C1 + C2 + C3).

El Sector Ia_1 M.P. sólo produjo 9 660 millones de pesos: la proporcionalidad de los sectores tuvo que depender de la importación de 45 599 millones de pesos en medios de producción, lo que representó un 70.2%.

En el cuarto ciclo (1970) 193 969 millones de pesos fueron requeridos en medios de producción para el consumo productivo de ambos sectores. Pero el Sector Ia_1 M.P. sólo produjo 47 046 millones de pesos, lo que acarreó que la reproducción del capital constante tuviera que depender de la importación de 146 923 millones de

REPRODUCCIÓN DEL CAPITAL SOCIAL EN MÉXICO; MODELO DE DOS
SECTORES Y DOS SUBSECTORES (INDUSTRIA MANUFACTURERA
Y PRODUCCIÓN AGROPECUARIA)
(Millones de pesos de 1960)

Primer ciclo 1950

$$Ia_1 \text{ M.P.} \quad 7\,894\,c_1{}^{**} + 1\,083\,v_1{}^{**} + 683\,p_1{}^{**} = 9\,660\,P_1$$
$$IIa_2 \text{ p.m.} \quad 33\,649\,c_2{}^{**} + 8\,719\,v_2{}^{**} + 6\,251\,p_2{}^{**} = 48\,079\,P_2$$
$$IIa_3 \text{ p.a.} \quad 13\,716\,c_3{}^{**} + 3\,897\,v_3{}^{**} + 8\,000\,p_3{}^{**} = 25\,613\,P_3$$

$$83\,352\,P$$

Segundo ciclo 1960

$$Ia_1 \text{ M.P.} \quad 14\,518\,c_1{}^{**} + 2\,400\,v_1{}^{**} + 2\,800\,p_1{}^{**} = 19\,718\,P_1$$
$$IIa_2 \text{ p.m.} \quad 67\,358\,c_2{}^{**} + 12\,600\,v_2{}^{**} + 16\,900\,p_2{}^{**} = 96\,858\,P_2$$
$$IIa_3 \text{ p.a.} \quad 22\,704\,c_8{}^{**} + 5\,176\,v_3{}^{**} + 10\,117\,p_3{}^{**} = 37\,997\,P_3$$

$$154\,573\,P$$

Tercer ciclo 1967

$$Ia_1 \text{ M.P.} \quad 30\,449\,c_1{}^{**} + 4\,876\,v_1{}^{**} + 5\,604\,p_1{}^{**} = 47\,046\,P_1$$
$$IIa_2 \text{ p.m.} \quad 115\,073\,c_2{}^{**} + 14\,550\,v_2{}^{**} + 29\,653\,p_2{}^{**} = 159\,276\,P_2$$
$$IIa_3 \text{ p.a.} \quad 30\,152\,c_3{}^{**} + 6\,280\,v_3{}^{**} + 19\,773\,p_3{}^{**} = 56\,205\,P_3$$

$$246\,410\,P$$

Cuarto ciclo 1970****

$$Ia_1 \text{ M.P.} \quad 34\,646\,c_1{}^{**} + 5\,500\,v_1{}^{**} + 6\,900\,p_1{}^{**} = 47\,046\,P_1$$
$$IIa_2 \text{ p.m.} \quad 128\,119\,c_2{}^{**} + 15\,500\,v_2{}^{**} + 30\,600\,p_2{}^{**} = 174\,219\,P_2$$
$$IIa_3 \text{ p.a.} \quad 31\,204\,c_3{}^{**} + 7\,000\,v_3{}^{**} + 28\,800\,p_3{}^{**} = 60\,004\,P_3$$

$$281\,269\,P$$

Ia_1 M.P.: Sector de producción en pequeña escala de medios
de producción
IIa_2 p.m.: Sub-sector productor de productos manufacturados
IIa_3 p.a.: Sub-sector productor de productos agropecuarios.

FUENTE: * *Matriz de Insumo Producto, 1950, 1960 y 1970*,
Banco de México. ** *Cuentas nacionales y acervos de capital
(1950-1967)*, Banco de México. *** *Matriz de Insumo Producto*, Editado por Louis M. Goreux y Alan S. Manne, North-
Holland Publishing Co. 1973, pp. 92-94. **** *Anuario Estadístico de los E.U.M.*, Secretaría de Industria y Comercio,
México, 1973.

pesos en medios de producción para obtener la proporcionalidad entre los sectores, lo que representó un 75.7%. En lo que respecta al consumo de los obreros y capitalistas en el año de 1950, los Sectores IIa_2 p m. y IIa_3 p.a. produjeron 73 692 millones de pesos en bienes de consumo, con lo que cubrieron los requerimientos internos de ambos sectores (I y II). El resto fue exportado (especialmente producción agropecuaria), para así cubrir el déficit de medios de producción que tuvo que ser importado.

En el tercer ciclo (1967), cuando el proceso de importación sustitutiva de bienes de consumo fue terminado, la producción de los subsectores IIa_2 m.p. y IIa_3 a.p., fue consumida por esos sectores $(V_1 + P_1) + (V_2 + P_2) + (V_3 + P_3)$ y su monto fue de 80 736 millones de pesos, el cual se cubrió con la producción interna. El excedente en forma de bienes de consumo(especialmente bienes agrícolas), fue de 134 745 millones de pesos, que exportándose, cubrió el déficit en la producción interna de medios de producción, los cuales se necesitaron importar. La importación de medios de producción fue precisamente de 134 745 millones de pesos.

La proporcionalidad entre los sectores sólo se puede obtener a través del comercio exterior. En este intercambio, la estructura del producto social está subordinada por los requerimientos impuestos por los medios de producción y por la naturaleza y magnitud de la composición orgánica del capital.

Entre el primer ciclo (1950) y el cuarto ciclo (1970) se puede observar un sobresaliente crecimiento de subsector IIa_2 m.p. en términos de producción y absorción de tecnología. Por ejemplo, el capital constante se incrementó de 33 649 c_2 millones de pesos en 1950 a 128 119 (c_2) millones de pesos en 1970, indicando que la industria manufacturera se transformó en principal sector productivo de la economía durante este período.

El Sector Ia_1 M.P. creció en un 100% entre el primer ciclo (1950) y el segundo ciclo (1970), entre el tercero (1967) y el cuarto (1970) ciclo, quedó estancado.

Esto indica el agotamiento del modelo de industrialización mediante la sustitución fácil y la imposibilidad de implantar un proceso a gran escala de industrialización mediante la compleja sustitución de importaciones. Además, indica el bajo nivel del desarrollo de la producción de medios de producción, debido al desarrollo desigual de la estructura productiva en una economía subordinada y dependiente.

Para la distribución del capital constante, la rotación del capital y las tasas de explotación en los respectivos ciclos, véase el apéndice estadístico.

E. FACTORES REVELADOS POR ESTOS ESQUEMAS ACERCA DEL CARÁCTER DE LA ACUMULACIÓN DEPENDIENTE Y SUBORDINADA

1) La predeterminación de la distribución entre el capital constante (C) y el capital variable (V) a través de la imposición de la composición orgánica del capital $C/V = \overline{0}$.

COMPOSICIÓN ORGÁNICA DEL CAPITAL
(*Aspecto social de la productividad del trabajo*)

Años	Ia M.P.	IIa p.m.	IIa p.a.
1950	7:1	2.8:1	3.5:1
1960	6:1	5.3:1	4.3:1
1967	6.2:1	7.9:1	4 8:1
1970	6.2:1	8.2:1	4.4:1

FUENTE: Esquemas de reproducción del capital social en México, cap. IV de este trabajo.

Esta distribución de C/V (composición orgánica) expresa un crecimiento de la productividad del trabajo, sobre todo del Sector II de la economía dominada; también explica que tal distribución está predeterminada por el carácter de los medios de producción (capital constante) importados de la economía monopolista.

A su vez expresa las diferencias entre las distintas ramas de la economía que estamos estudiando, atendiendo al crecimiento de la productividad del trabajo y viendo que los subsectores IIa_2 y IIa_3 se encuentran en un nivel preferencial de desarrollo. La relación de C/V en el subsector Ia_1 M.P. en la economía dominada, no indica un crecimiento preferencial de este sector productor de medios de producción, sino por el contrario, un pequeño, desigual e irregular crecimiento.

La predeterminación de la distribución del C y V a través de la imposición de los medios de producción, surge de la economía dominante y también predetermina el carácter y la calidad de las mercancías en la economía dominada. Por esta razón, hubo una especialización del trabajo en la producción de materias primas durante el desarrollo del modelo de exportación, y ahora una especialización sectorial (medios de consumo) en el desarrollo del modelo de desarrollo hacia adentro y una complementaridad desigual por medio de las plantas maquiladoras transnacionales.

2) Como una consecuencia de lo que se bosquejó anteriormente, hay una predeterminación de la tasa de explotación $P/V = P'$, que expresa el carácter capitalista de la productividad del trabajo.

Esta "relación estructural" como la llama Oscar Lange, bajo las condiciones de la economía subordinada, es expresada en una forma diferenciada: altas tasas de explotación en el sector manufacturero y aún más altas en los tradicionales sectores agrícola y extractivo, como se aprecia en el cuadro siguiente:

TASAS DE EXPLOTACIÓN
(Tasas de plusvalía) (%) P/V = P

Años	Ia M.P.	IIa p.m.	IIa p.a.
1950	63.3%	76.4%	205.8%
1960	116.6	134.1	197.3
1967	114.9	203.8	314.8
1970	125.4	197.4	311.4

FUENTE: Capítulo IV de este trabajo.

TENDENCIA DE LAS TASAS DE GANANCIA
$(P/C + V) = G\ (\%)$

Años	Ia M.P.	IIa p.m.	IIa p.a.
1950	7.6%	14.7%	45.4%
1960	16.5	21.13	36.2
1967	15.8	22.8	54.2
1970	17.1	21.3	57.0

FUENTE: Capítulo III de este trabajo.

3) En el Sector Ia M.P. productor de medios de producción de la economía dominada, existe la tendencia de que la tasa de ganancia sea irregular y no decreciente. En el subsector de bienes manufacturados, existe también la tendencia a que caiga levemente la tasa de ganancia, esto significa que en 20 años (1950-1970) los incrementos de capital han sido de gran importancia por una permanente alza de la tasa de ganancia. En el subsector productor de productos agropecuarios, es posible observar un incremento constante en la tasa de ganancia.

Las altas tasas de explotación (cerca del 200% en la industria) y el remplazo del capital constante a largo plazo, fueron algunos medios para frenar la caída de la tasa de ganancia. En el subsector productor de productos agrícolas y de la ganadería, la tendencia de la tasa de ganancia, como quiera que sea, apunta hacia el incremento. Esto permite la transferencia —vía precios y vía créditos bancarios— del excedente económico, desde el sector agrícola al sector industrial, y así, frenar la caída de la tasa media de ganancia.

En el sector agrícola, las causas fundamentales que contribuyeron a un crecimiento de la tasa de ganancia son: las altas tasas de explotación (entre 300 y 500%), la intensificación del trabajo, el capital resguardado en maquinaria, y, finalmente, la baja composición orgánica del capital que prevalece en el sector.

4) También obtenemos una importante relación es-

tructural de los esquemas: $Y/P = V + P/C + V + P$; relación producto-ingreso.

Ésta expresa la relación del valor agregado con respecto al monto del producto nacional.

RELACIÓN PRODUCTO-INGRESO

$$Y/P = V + P + /C + V + P$$

Años	IIa_2 p.m.	IIa_3 p.a.
1950	0.28	0.4
1960	0.29	0.4
1967	0.27	0.4
1970	0.26	0.4

FUENTE: Capítulo IV de este trabajo.

En México, esta relación en la industria es baja, 0.2, comparándola con la de los países industrializados, en los que está por arriba del 0.5.[6] Las posibles dificultades de la acumulación pueden ser que parte del valor del producto, el cual corresponde al nuevo valor agregado creado y extraído de la acumulación, no puede ser usado en la economía interna.

El recíproco de esta relación, $P/V = C + V + P/ V + P$ nos dará la eficiencia del trabajo vivo. En la industria fue de 3.4 en 1950, en otras palabras, una unidad de trabajo vivo produjo un poco más de 3 unidades del monto del producto nacional. En 1960 fue de 3.3; en 1967 de 3.6 y en 1970 de 3.7. Esta tasa de incremento es explicada por el acento de la productividad del trabajo vivo en el sector industrial.

5) El incremento cuantitativo en el volumen del producto social global (monto de la producción), es sólo un indicador de un aspecto particular de la acumulación. Es la estructura del producto social la que define la escala de la producción del capital social y su proporcionalidad. De los esquemas anteriores, podemos llegar a la siguiente conclusión: La estructura del producto social

[6] Oscar Lange, *op. cit.*

está predeterminada por la distribución entre (C) y
(V), esto es, por la diferencia en la composición orgánica del capital entre los diferentes sectores y ramas.
La relación C/V está predeterminada por la imposición de los medios de producción que corresponden al
consumo productivo de la economía dominante. Esos
medios de producción también predeterminan el carácter
y la calidad del producto dentro de la economía dependiente y subordinada, y a su vez, la introducción de
patrones de consumo de la economía dominante.

En el caso de México, podemos observar dos tendencias en lo que concierne a esta relación. La primera nos
muestra una estable composición orgánica del capital
de 6:1 en el subsector I.M.P. (productor en pequeña
escala de medios de producción), para los años 1960,
1967 y 1970. Esto refleja el estancamiento de este subsector en términos del incremento en la productividad
del trabajo en el aspecto social, y un limitado desarrollo
como productor de maquinaria.

La segunda tendencia que podemos observar se refiere
a la consolidación del subsector IIa_2 p.m. (productor
de medios de consumo); nos muestra que entre 1950
y 1970, la composición orgánica del capital en este sector,
ascendió de 3.5:1a a 8.2:1, lo que significa que éste
fue el subsector del desarrollo preferencial de la productividad del trabajo en su aspecto social.

De 1950 a 1960, en el subsector IIa_3 (productor de
productos agrícolas y de la ganadería), la composición
orgánica ascendió de 2.5:1 a 4.3:1, y en 1970 permaneció
estable. Esto es también un indicador del estancamiento
en el desarrollo de la productividad del trabajo, en su
aspecto social. A pesar de esto, el subsector IIa_3 tuvo
una alta tasa de plusvalía superior al 300%. Por otro
lado, la estructura del producto social, está predeterminada por la tasa de explotación $P/V = P'$ (tasa de
plusvalía), esto significa que la acumulación de capital
depende básicamente de la productividad del trabajo,
en su aspecto capitalista.

En México, la tasa de plusvalía ascendió en los dos

sectores. En el subsector IIa_2 m.p. (productor de productos manufacturados), la tasa de explotación subió de 76.4% en 1950 a 197.4% en 1970. En el subsector Ia_1 M.P. (productor en pequeña escala de medios de producción), la tasa de plusvalía ascendió de 63.3% en 1950 a 125.4% en 1970. (Véase cuadro 22.) Por esto, la estructura cualitativa del producto social está determinada por una diferente composición orgánica del capital, por un incremento en la tasa de plusvalía, por una baja relación producto-ingreso y por un ascenso en la eficiencia del trabajo vivo.

La predeterminación de la estructura del producto social por estos factores, se expresó en la proporcionalidad subordinada, debido a que el producto social, en lo que respecta a los medios de reproducción, no produce los elementos materiales para su reproducción.

La reproducción esta limitada también en su acumulación, ya que no es posible capitalizar la plusvalía y además por estar impuesta ampliamente por la economía monopolista dominante a través de la importación de maquinaria y materias primas enlazadas por estos bienes de capital.

Hay dos mecanismos por medio de los cuales las proporciones ocurren: primeramente la formación interna de capital fijo y en segundo lugar, el intercambio externo entre los sectores de la economía dominante y dominada. El primer mecanismo, trata acerca del cambio tecnológico al nivel de acumulación interna de capital, y las tendencias y condiciones de este cambio. En México, el subsector II p.a. (productor de productos agrícolas y de la ganadería), de 1950 a 1970 tuvo un bajo incremento en la formación interna de capital fijo (FICF) y la tasa de capital fijo en este período se estancó. (Véase cuadro 18.) Entre 1970-1976, el incremento de la inversión en este subsector se debió a la inversión del gobierno más que a la inversión privada del sector. El segundo mecanismo tiene que ver con la importación de maquinaria y equipo. Entre 1960-1970 el promedio anual de la FICF en la agricultura fue de 748 millones de pesos. Esto significa que hubo un estancamiento en la formación de capital fijo en el subsector II p.a. (Véase cuadro 19.) Este estancamiento en la FICF fue expresado en el colapso del subsector de productos agrícolas y de la ganadería, como fue mostrado en el capítulo I, esto fue ocasionado por la contracción de las inversiones del sector capitalista privado.

En 1950-1960, la FICF en el subsector IIa_2 p.m. (productor de productos manufacturados), permaneció estable; como quiera que sea, estas tasas de acumulación se mantuvieron en un nivel preferencial en relación con otros sectores de la economía.

Después de 1960 en el subsector IIa_2 p.m., las tasas de acumulación de capital fueron incrementadas en términos absolutos. La FICF creció, de 7 422 millones de pesos en 1960, a 16 556 millones de pesos en 1967, y a 20 619 millones en 1970. Una hipótesis del banco de México estimó que el incremento para 1976 podría ser de 42 889 millones. (Véase cuadro 18.) Estas cifras reflejan un proceso acelerado del cambio tecnológico, dentro de la industria manufacturera, así como su desarrollo preferencial en relación con otras ramas de la economía y, por otro lado, el incremento de la importación de bienes de capital. Es en estos hechos donde podemos encontrar la forma dependiente de la reproducción del capital subordinado.

La importación de bienes de capital para la industria y servicios de 1960 a 1970 fue incrementada por más de un 300%; en términos absolutos ascendió de 279 millones de pesos en 1960 a 8 851 millones en 1971 (véase cuadro 19).

La importación de bienes de capital también necesitó de la importación de materias primas vinculadas a ellos. Con esto la economía dominante no sólo impuso el nivel del cambio tecnológico, sino que también predeterminó la forma material de los medios de producción, la forma material de los productos exportados y de los productos de consumo interno (patrones de consumo a que fue obligada por la tecnología adoptada) y la forma material de los productos intermedios: aquellos que completan la producción dentro de la economía monopolista dominante.

En 1960, ambos rubros (bienes de capital y materias primas), representaron el 75.8% de las importaciones en 1965, el 74.8% en 1970, y en 1972 el 72.5%. Entre 1960 y 1970 el promedio de importación de materias primas y auxiliares fue del 30% y el de bienes de capital del 40%.

El subsector IIa_1 M.P. (productor de bienes de producción), cambió de una baja formación interna de capital fijo en 1950, a un proceso más o menos acelerado de la FICF en 1960 en la industria de metales básicos. No obstante, este incremento en el Sector I fue limitado a pocas ramas (construcción y reparación de maquinaria, construcción de vehículos, automóviles).

Como consecuencia de la baja diversificación del Sector I, fue imposible realizar la proporcionalidad impuesta por la ley del intercambio entre el Sector I y los Subsectores IIa_2 p.m. y IIa_3 p.a.

Así, una creciente importación de bienes de capital fue requerida para su remplazo, lo que siempre ha sido inadecuado para la producción del capital de las economías dependientes.

Solamente desde 1967 las cifras muestran que la FICF (la acumulación de capital fijo) en maquinarias de origen nacional, en la rama de construcción y en la rama de reparación de maquinaria, tuvo un desarrollo preferencial. En 1970 fue del 21.4% dentro del Subsector Ia_1 M.P. productor de medios de producción (véase cuadro 20). Dadas estas relaciones básicas de la acumulación, se analizará ahora a través de los esquemas, la reproducción de las condiciones del intercambio entre la economía monopolista dominante y la economía dominada en condiciones de dependencia y subordinación.

F. REPOSICIÓN DE LA PRODUCCIÓN SOCIAL GLOBAL EN
AMBAS ECONOMÍAS: ECONOMÍA MONOPOLISTA
DOMINANTE Y ECONOMÍA DOMINADA. (1970).

a) *Explicación del remplazo del capital social en ambas
economías. (Véase el esquema de la página siguiente)*

1) El Sector I de la economía monopolista dominante
produce medios de producción de sus dos sectores (I y
II) con un valor total de 305 500 millones de pesos.
El Sector I también remplaza 165 600 en valor, de los
que 67 600 millones corresponden al capital constante
y 98 000 al capital circulante de la economía dominada.

2) Los Sectores I y II de la economía monopolista
dominante reciben I $(V_1 + P_1)$ + II $(V_2 + P_2)$ =
165 600 millones en productos agrícolas manufacturados
de los subsectores IIa_2 p.m. y IIa_3 p.a. de la economía
dominada.

ESQUEMA DE LA REPOSICIÓN DE LA REPRODUCCIÓN
SOCIAL GLOBAL EN AMBAS ECONOMÍAS: ECONOMÍA
DOMINANTE Y ECONOMÍA DOMINADA (1970).*
(en la fase del desarrollo hacia adentro)

Millones de pesos, 1960

ECONOMÍA MONOPOLISTA DOMINANTE**

Sector I productor de bienes de producción

I $220\,000\,C_1 + 125\,550\,V_1 + 125\,550\,P_1 = 471\,100$
Sector II productor de bienes de consumo
II $85\,500\,C + 40\,500\,V + 40\,500 = 166\,500$

                                                   _____
                                                   637 600

* Las cifras son aproximaciones a las reales.
** Esta economía es supuesta en las cifras presentadas.

ECONOMÍA DOMINADA EN CONDICIONES
DE DEPENDENCIA Y SUBORDINACIÓN

*Sector Ia productor en pequeña escala
de medios de producción*
Ia$_1$ M.P.   35 000 C$_1$ +   5 500 V$_1$ +   6 900 P$_1$ =   47 400
Sector IIa$_2$ productor de productos manufacturados
IIa$_2$ p.m.   140 000 C$_2$ +   15 500 V$_2$ +   19 000 P$_2$ = 174 500
Sector IIa productor de productos agrícolas y ganado
IIa$_3$ p.a.   38 000 C$_3$ +   7 000 V$_3$ +   21 000 P$_3$ =   66 000
                                                            ─────────
                                                              287 900

3) El subsector Ia$_1$ M.P., productor en pequeña escala de medios de producción, de la economía subordinada, remplazó 47 400 000 000 de medios de producción
al interior de la economía, y el resto de los bienes de
producción (165 600 millones) que son requeridos para
remplazar los medios de producción de Ia$_1$ C$_1$ + IIa$_2$ C$_2$
y IIa$_3$ C$_3$ de la economía subordinada, son intercam-
biados con la economía monopolista dominante por
productos agrícolas y manufacturados de la economía
dominada.

b) *La proporcionalidad subordinada*

De los esquemas podemos resaltar que las proporciones
para la reproducción ampliada del capital social, han
sido subordinadas por la economía dominante.
    La reproducción en condiciones de dependencia no
se realiza de acuerdo con la ley del desarrollo preferencial del Sector I. Este Sector, productor de medios de
producción, tuvo un lento crecimiento, por debajo del
Sector II.
    En 1970, en México, los cuadros muestran que el
83.66% del capital constante requerido para el remplazamiento en el subsector Ia$_1$ M.P. y los subsectores
IIa$_2$ p.m. y IIa$_3$ p.a., provino de la economía dominante
de las industrias monopolistas de los países imperialistas.

Este hecho no sería importante si sólo permitiera la obtención de la proporcionalidad requerida, pero este remplazo también causa la subordinación de esta proporcionalidad.

Así, el intercambio entre ambos sectores no es realizado dentro de la economía dominada, sino necesariamente fuera de ella, debido al control técnico por parte de los países monopolistas dominantes y al hecho de que a este nivel de desarrollo industrial subordinado el Sector I no ha tenido un desarrollo integrado, que permita esta producción y la solución al problema de la proporcionalidad en la reproducción ampliada.

Por otro lado, los bienes de exportación fueron principalmente productos agrícolas y ganado. Entre 1960-1976, la estructura del comercio exterior no cambió: bienes de consumo (alimentos y bebidas) constituían más del 50% y las materias primas, el 40% del total de las exportaciones. La exportación de herramienta, maquinaria y carros fue de 1.2% en 1960, y de sólo 4% en 1970 del total de las exportaciones.

El comercio fue incapaz de remplazar las crecientes importaciones de bienes de capital (en términos de valor), y se necesitó de un flujo monetario exterior, lo que trajo como consecuencia un déficit en la balanza de pagos. Entre 1950-1970, la balanza fue negativa: en 1950 fue de 103 000 000 de dólares, en 1960 de 477 000 000, en 1967 de 644 000 000,, en 1970 de 104 500 000 y en 1973 de 1 756 000 000 (21 950 000 000 de pesos antes de la devaluación de la moneda mexicana).

El constante déficit de la balanza de pagos en los últimos 30 años, y el endeudamiento como un mecanismo para sostener las importaciones, es otra de las características de remplazamiento del producto social.

Así pues, la acumulación de capital en México permite la transferencia de la plusvalía hacia la economía monopolista dominante por medio de diferencias de precios, ganancia y regalías y pagos de intereses por la deuda.

De esta manera, la proporcionalidad ha llegado a ser

subordinada por una estructura adoptada e impuesta.
El total del producto interno, bajo un cambio en la
dependencia tecnológica, ha sometido a la estructura
productiva de la economía dominada. La proporcionalidad fue subordinada debido a una
estructura cerrada y desigual del aparato productivo, esto
significa que el Sector I, productor en pequeña escala
de medios de producción, fue un sector incompleto,
también debido a que hubo una producción en el Sector II, la cual fue competitivamente menor en el mercado internacional a causa de su alto costo, baja calidad y
falta de diversificación en los bienes de consumo; por
eso esta producción fue destinada para cubrir solamente
el mercado interno y el internacional sólo en pequeña
escala. La proporcionalidad fue subordinada también debido
a que las más importantes ramas del Sector I (construcción de maquinaria, aparatos eléctricos y vehículos de
motor), y del Sector II (alimentos y vestidos) completaron en forma desigual procesos más sofisticados en la
economía monopolista dominante.

El control de las ramas estratégicas de la industria
manufacturera (industria de metales básicos, construcción de maquinarias, productos químicos, médicos, petroquímicos, alimentos, etc.), por la economía monopolista
extranjera, también subordinó la estructura del producto
social y, consecuentemente, subordinó la proporcionalidad de la reproducción ampliada del capital social en
México.

Vistas las características del proceso de acumulación
en el modelo empírico, hagamos finalmente una evaluación de las perspectivas de la acumulación del capital
monopolista y los obstáculos estructurales a que ésta se
enfrenta.

CAPÍTULO CUARTO

I. PERSPECTIVAS DE LA ACUMULACIÓN DEL CAPITAL MONOPOLISTA EN MÉXICO

El futuro está cargado de presagios, el pasado urdió la escenografía que usarán en el presente los protagonistas. El pasado construyó una paradoja: frente a una estructura monopolista creciente que abarcó todos los sectores de la economía, bajo las condiciones de dependencia y subordinación, tal monopolización no liquidó el desarrollo desigual y creó en su avance polos de atraso: el minifundio, una inmensa industria pequeña y mediana ineficiente, un aparato gigante y costoso de comercio al menudeo y plagado de intermediarios, un desempleo crónico y una distribución del ingreso, desigual y polarizada, así como modos de producción precapitalista en extinción, articulados en forma rudimentaria al modo capitalista predominante.

En esta paradoja se encierran los límites del proceso monopolista; la crisis económica y política los puso en evidencia y mostró el agotamiento de un patrón de acumulación. Dichos límites estructurales tendrán que ser superados mediante la incorporación de dichos polos de atraso a las necesidades de la acumulación. Es así como el pasado define las acciones futuras y les da sentido y dirección. La dependencia y la subordinación no son sólo meras referencias teóricas, sino realidades concretas en las condiciones de vida material de los pueblos dominados, las cuales tienen que ser superadas contando irremediablemente con ellos. El pueblo será el principal protagonista.

Pero los procesos económicos se expresan en el conjunto de la formación social mexicana y en otros tantos procesos políticos y sociales. En los años del desarrollo capitalista estabilizador, se consolidaron las fracciones de la burguesía y entraron en un proceso de monopolización, algunas ligadas al estado y apoyando sus proyectos políticos, otras conformando su propio proyecto al margen del estado y en ocasiones, en oposición a éste, ligadas más estrechamente al capital extranjero y con una política contraria a una hegemonía en lo económico del área estatal de la economía. Tal es el caso del Grupo Monterrey.

El bloque dominado se estructura con nuevas clases. La clase obrera se consolida como el factor hegemónico en este bloque; el proletariado agrícola, los estratos medios del campo y la ciudad, se van integrando a los instrumentos de control de la burocracia política, enajenando su proyecto político propio al de la burguesía, y sólo en ocasiones rompiendo los controles oficiales, y elaborando con sus demandas, el proyecto alternativo de las clases dominadas: *la independencia sindical; las libertades políticas; las demandas de tierra; la lucha contra el charrismo; las revisiones de contrato y la lucha contra los topes salariales; el derecho a la huelga; la lucha por el control de los recursos naturales del país; el derecho de los partidos políticos de izquierda a participar en los procesos electorales y políticos,* son algunos de los elementos que van conformando el proyecto alternativo de la clase trabajadora y de la clase dominada de la formación social mexicana.

Un elemento de gran significación en el dominio de lo político, ha sido la hegemonía de la burocracia política en lo económico y lo político en los últimos 45 años. Con base en ella estableció alianzas con las fracciones de la burguesía y propició su consolidación mediante la política económica. Así también controló, mediante el corporativismo y la subordinación al "Proyecto Nacional", a la clase obrera, a los campesinos, a los intelectuales, a la gran masa de burócratas y a las clases medias urbanas y rurales. A estas últimas clases las incorporó con sus demandas a su proyecto político y mediante ciertos sacrificios de las fracciones de la burguesía, dio solución a demandas centrales. Así, y con un proceso ideológico de educación, construyó en estos años su dominio y control sobre el conjunto de la sociedad mexicana. La crisis económica y política despertó del dulce sueño de la estabilidad desarrollista —a finales de la década de los 60 con el movimiento estudiantil y a mediados de los 70, con la insurgencia obrera de la tendencia democrática— a esta burocracia política y a las fracciones de la burguesía que cada vez más notoriamente representa.

Con tales componentes económicos y políticos ¿cuáles son las alternativas al proceso monopolista de acumulación? ¿Existe un nuevo proyecto nacional restructurado por la burocracia política? ¿Cómo se integran las fracciones monopolistas en dicho proyecto? ¿Qué lugar y papel se le adjudica al capital monopolista extranjero en tal proyecto? ¿Qué política económica (entendida ésta como la intervención del estado en el conjunto de la sociedad) implementará la burocracia política, que permita sancionar la nueva correlación de fuerzas en esta etapa monopolista en el bloque de poder, y qué demandas centrales del bloque dominado serán incorporadas al proyecto nacional?

Ahondemos en los límites estructurales que enfrenta el capitalismo monopolista en México y sinteticemos los elementos del proyecto de la burocracia política.

En el sector industrial, el proceso de monopolización se enfrenta con un aparato productivo desigual. Así, de 120 000 empresas censadas, cerca de 95 000 son pequeñas y medianas industrias con capitales entre 50 mil y 40 millones de pesos; ocupan a un millón 300 mil obreros y representan el 70% de la producción manufacturera. Dicho proceso de monopolización también tendrá que resolver el carácter ineficiente, de altos costos, de baja calidad y de destino de la oferta al mercado interno en la esfera alta de consumo (artículos de lujo), etcétera.

En el sector comercio, la modernización y la reducción del costoso aparato de distribución, son problemas a

resolver en el proceso de monopolización que está en
marcha.

En el sector agropecuario, el desarrollo capitalista
polarizado enfrenta no sólo la condición de subsistencia
del minifundio y la inseguridad en la tenencia, sino
también el problema de ocupación de más de 3.5 millones de jornaleros (proletariado agrícola), y la organización productiva de ejidos, cooperativas y unidades
pequeñas de producción, con el fin de servir de respaldo
al proceso de industrialización mediante la sustitución
compleja de importaciones.

Un límite estructural es el escaso desarrollo del Sector I, productor de medios de producción, en el interior
de nuestra economía:

A. SECTOR I (PRODUCTOR EN PEQUEÑA ESCALA DE MEDIOS
   DE PRODUCCIÓN)

En 20 años (de 1950 a 1970), los acervos de capital
crecieron en el Sector I, en un 400% aproximadamente;
las asignaciones de capital fijo (depreciación) aumentaron en proporción similar, y el pago en salarios se
incrementó en más del 200% en las dos décadas. Estas
magnitudes dan una idea de la importancia que dentro
de la industria de transformación está adquiriendo el
sector productor de máquinas, y sus tendencias indican
que se convertirán en el sector dirigente de la industrialización.

En resumen, las ramas más importantes del Sector I
por su aporte al Producto Interno Bruto (véase cuadro 1), por sus acervos de capital y el pago a la fuerza
de trabajo en los últimos 10 años, fueron en orden de
importancia:

1. La industria metálica básica.
2. Las industrias de construcción y reparación de
   automóviles y transportes.
3. Las industrias de fabricación y reparación de productos metálicos.

4. La construcción y reparación de maquinaria y aparatos eléctricos.

5. La construcción y reparación de maquinaria.

Esta jerarquía muestra el carácter limitado de la producción de maquinaria, así como la condición subordinada y dependiente de nuestra industrialización, la cual no alcanza a definir un aparato productivo en el que la acumulación del Sector I se transforma en el elemento más dinámico.

Una definición notable que indica el grado de desarrollo de las industrias de bienes de capital, es el porcentaje de abastecimiento importado de la demanda interna.[1]

Así, para 1970 el aparato productivo requirió de 193 969 millones de pesos para reponer los medios de producción del subsector manufacturero y agropecuario de México. El Sector Ia, M.P. (productor en pequeña escala de medios de producción), sólo produjo 47 046 millones de pesos, lo que obligó a depender de la importación de 146 923 millones en medios de producción (máquinas y materias primas auxiliares), es decir, un 75.4% de los requerimientos.

Hay que agregar que el predominio en las empresas de producción de bienes de capital lo tiene el capital extranjero (con 70% del ingreso); 20% corresponde a las empresas públicas y 10% a las empresas privadas nacionales. Esto supone que el control sobre la expansión del sector dependerá de las decisiones del capital monopolista extranjero, y en segundo término, de las decisiones de inversión del estado y del sector privado "nacional".

Un tercer obstáculo al crecimiento de este sector es la salida del excedente económico,[2] su actual destino desde

[1] "México, una estrategia para desarrollar la industria de bienes de capital", Proyecto conjunto NAFINSA-ONUDI, México, D. F., 1977, Nacional Financiera, S. A. Al respecto se dice: "el crecimiento de la demanda interna...", p. 34.

[2] Los pagos netos por utilidades e intereses fueron en promedio de 546 millones de dólares por año de 1966 a 1970; en 1970 fueron de 687 millones; en 1971 de 746 millones de

los sectores productivos hacia los sectores especulativos.
Al respecto, hace más de 10 años que no hay expansión en la inversión agropecuaria privada y existió contracción en la inversión privada desde 1975 hasta la primera mitad de 1978.
Las necesidades de bienes de capital entre 1978 y 1987 alcanzarán la cifra de 940 mil millones de pesos, además, en el estudio antes citado se sugiere que la demanda total de maquinaria y equipo para 1976-1980, fluctuará entre 300 mil y 320 mil millones de pesos (con una tasa de crecimiento de la economía del 6.5%). Se prevé que la producción nacional durante el período 1976-1980, a precios de 1974, sumará 140 mil millones de pesos, o sea, del 43 al 46% de la demanda total de bienes. Este déficit será del orden de 160 mil a 180 mil millones de pesos durante 1976-1980. Esto significa que para 1980, las importaciones anuales de maquinaria llegarán a más de 45 mil millones de pesos.

Si agregamos las dificultades que hay y habrá en la producción de alimentos, los déficit del gasto público, los plazos largos de recuperación del capital que suponen las inversiones de bienes de capital, la lentitud en la recuperación de la economía y la salida de plusvalía, los probables excedentes del petróleo serán incapaces de cubrir las necesidades de inversión en la industria de bienes de capital.

En resumen, la producción de bienes de capital encuentra serias limitaciones financieras, sobre todo por la condición subordinada y dependiente en que opera la reproducción del capital social; es sin duda la propia acumulación interna la que expanderá la estructura productiva en este sector. Los excedentes petroleros

dólares; en 1972 de 840 millones. Las ganancias de las inversiones extranjeras directas y los pagos por intereses sobre la deuda externa en 1974, sumaron 1 222 millones de dólares; en 1975: 1 549 millones; en 1976: 1 839.2 millones de dólares. En 1977 se pagaron 3 544 millones de dólares y en 1978, se gastaron 1 964 millones de dólares por pago del servicio de la deuda externa.

130

CAPITAL MONOPOLISTA EN MÉXICO

servirán, cuando mucho, para estabilizar la balanza de pagos, y esto únicamente si se resuelve la crisis del sector agropecuario.

El petróleo no es la panacea. Hoy sirve para reagrupar en el bloque dominante a las diferentes fracciones de la burguesía y para situar en mejores condiciones a la burocracia política en el nuevo patrón monopolista de desarrollo económico y para una cierta recuperación de su hegemonía económica y política. La crisis estructural sigue siendo el caldo de cultivo de los nuevos proyectos políticos de la fracción monopolista de la burguesía.

La estrategia de desarrollo del Sector I, productor de bienes de producción, para liquidar la proporcionalidad subordinada con una participación central del capital del estado, tendrá que enfrentarse al control por el capital monopolista extranjero de ramas estratégicas para el nuevo patrón de acumulación. Así, de las 500 más grandes empresas, 18, ubicadas en el Sector I con un capital de 475 millones de pesos, pertenecen al capital monopolista norteamericano en un 90%. Otras fuentes señalan que 116 empresas, de las 938 más grandes, que producen bienes de capital, pertenecen en un 53% al capital extanjero. Tendrán también que sustituirse importaciones de bienes de capital, para romper la subordinación de la proporcionalidad de la reproducción del capital social.

El desarrollo del subsector II p.a. (productos agropecuarios) y II p.m. (productos manufacturados), cuyos productos entran en el fondo del consumo popular y que constituyen el cuello de botella creado por la industrialización subordinada del desarrollo estabilizador, enfrenta obstáculos. Entre otros, la presencia de las empresas trasnacionales en la industria manufacturera. En 1972, éstas controlaban la mitad de los acervos; el 38% de las ventas de manufacturas en 1962, y el 45% en 1970.[3] En el caso de productos agropecuarios se requiere

[3] E. V. K. Fitzgerald, *The State and capital accumulation. in Mexico.*

resolver la crisis del sector agrícola antes mencionada.
Estos enunciados generales, respecto de los límites estructurales más importantes para el desarrollo del patrón
monopolista, corresponden a los problemas materiales
para establecer la proporcionalidad del producto social,
restringir su carácter subordinado y la predeterminación
del producto, de la tasa de explotación y de la composición orgánica del capital. En el aspecto de valor o
financiero, se requiere transformar básicamente la palan-
ca de acumulación y abandonar el endeudamiento interno y externo como medio principal de cubrir los
déficit de la reposición del capital. El turismo, la exportación de productos agropecuarios y manufacturas, las
divisas por la venta de petróleo y sus derivados y una
reforma fiscal que modifique la actual estructura polarizada del ingreso, deben constituir los instrumentos de
reposición en cuanto a valor del producto social, mientras el Sector I se transforma paulatinamente en el eje
del proceso de acumulación.

La acumulación dependiente y subordinada se carac-
terizó en los años del desarrollo estabilizador no sólo
por un proceso de monopolización creciente, sino por
una distribución polarizada del ingreso y la formación
de un ejército industrial de reserva permanente y depau-
perado crecientemente. Según datos de la Secretaría de
Programación, el 51% de la P.E.A. (población económicamente activa) de la ciudad de México, percibe
ingresos menores al salario mínimo. En 1978, el 78%
de las familias capitalinas percibían ingresos menores al
salario mínimo; un millón 300 mil capitalinos agrupados
familiarmente, sobrevivían con ingresos mensuales que
fluctuaban entre 500 y 1 000 pesos y sólo 56 mil familias
(con 372 579 personas) reciben sueldos mayores a los
10 mil pesos mensuales.[4]

En el nivel nacional, la concentración del ingreso
familiar también está presente. En 1950, el 10% más
pobre percibía 2.43% del ingreso familiar disponible;

_____
[4] *Excelsior, 20 de febrero de 1979.*

en 1970, el 1.42% y en 1975 el 0.35% lo que expresa una depauperación absoluta.

El 10% más rico de la población recibía en 1950 el 45.3% del ingreso disponible, en 1970 el 38.8 y en 1975, el 43.4%. La riqueza es constante en un polo social.

En suma, el 80% de las familias de menores ingresos está por debajo del ingreso promedio nacional mensual y así ha permanecido durante los últimos 25 años.[5] La pobreza es constante en el otro polo social.

La desocupación y el subempleo alcanzan a más de 10 millones de personas, lo que representa el 50% de la P.E.A. (18 millones 800 mil), y el 10% de la población total del país.

Estos dos problemas estructurales tendrán que ser resueltos por el patrón monopolista de acumulación. Aquí únicamente nos referimos a ellos por su vinculación a la reproducción de la fuerza de trabajo en condiciones de depauperación absoluta y relativa y sometida a tasas de explotación crecientes. El patrón monopolista enfrenta estos límites y se requiere incorporar al trabajo a esta gran masa de desocupados, elevar sus condiciones de vida mediante mejoras en sus ingresos e incorporarlos a la demanda efectiva, rompiendo con ello los marcos estrechos del mercado interno de fuerza de trabajo.

Las demandas de rompimiento a los topes salariales y las revisiones de las condiciones de trabajo, por el movimiento obrero controlado y sobre todo el independiente, constituyen la forma de contrarrestar el restablecimiento de la vida económica en interés de los grupos monopolistas y la manera de evitar que la crisis recaiga en las condiciones de vida de los trabajadores.

---

[5] R. Hernández Laos, "Patrones de distribución del ingreso en México", Ponencia al III Congreso Nacional de Economistas.

B. REDEFINICIÓN DE LA HEGEMONÍA ECONÓMICA POR LA
BUROCRACIA POLÍTICA

La burocracia política, por el control que tiene de las
funciones principales del estado, busca redefinir su hegemonía económica sobre cuatro vértices:

1. Transformar el sector agropecuario para que cum-
pla con los requerimientos de alimentos, materias
primas y productos de exportación, que el nuevo
patrón de acumulación monopolista y de desarrollo
industrial necesita por sustitución compleja de
importaciones.

2. Hacer la industria manufacturera rentable, aumen-
tar su capacidad de exportación y mejorar y ampliar la producción de bienes de consumo básico.

3. Y el más importante, "desarrollar la industria de
bienes de capital en sectores que los energéticos
requieren", transformando la industria petrolera
estatal en el eje de la acumulación monopolista.

4. Este último se refiere al entrelazamiento del capital
monopolista nacional y extranjero, en los proyectos
de desarrollo industrial de creación de las industrias de bienes de capital.

Estos objetivos de política económica de la B.P. se
enfrentan a ciertos límites que ya hemos mencionado, entre otros, los que resultan del carácter dependiente y
subordinado del proceso de acumulación; aquellos que
están definidos por las condiciones de la industrialización
desarrollista que prevaleció durante el desarrollo estabilizador; y con los efectos más notables de la recesión
coyuntural y la crisis estructural en la que ha estado
envuelta la economía mexicana. También el proyecto
enfrenta la presencia del capital monopolista extranjero en los renglones estratégicos de las industrias punta
del nuevo patrón de desarrollo, una estructura interna
de la demanda de bienes de capital, circunscrita a ciertas
ramas y una oferta donde la producción de máquinas
para hacer máquinas está ausente, y cuyo índice de importación es muy alto.

C. RECONSTRUCCIÓN DEL BLOQUE DE PODER EN EL
CAPITALISMO MONOPOLISTA EN MÉXICO: "EL PROYECTO
NACIONAL REVOLUCIONARIO"

La naturaleza del estado mexicano se expresa en un área
estatal monopolizada; una fuerte influencia del capital
monopolista nacional y extranjero, una presencia decisiva de la clase obrera controlada por el sindicalismo oficial como fuerza de apoyo hegemónica y un campesinado
que ha dejado de ser el punto fundamental de apoyo
de la burocracia política, o que por lo menos se reorga-
niza de otra forma, tomando en cuenta la presencia del
proletariado agrícola y sus demandas. Una burocracia
política que busca redefinir su hegemonía mediante el
proyecto económico señalado; un proyecto de reforma
política que mira hacia las clases medias y sus necesidades políticas, y un proyecto de reforma administrativa,
para hacer funcional al estado y responder a las demandas del sector empresarial.

La burocracia política reconstituye la correlación de
fuerzas en el bloque de poder en interés de la fracción
monopolista de la burguesía, al menos en dos sentidos.
Mediante una política económica promonopolista: restricción a los salarios, al gasto público, al circulante y la
inflación; política de venta masiva del petróleo crudo
y gas para disminuir el déficit de la balanza de pagos y
asegurar un autofinanciamiento futuro al reducir los
términos de la deuda externa; política de estabilidad
monetaria (que permitió asegurar el apoyo financiero
del FMI y del Banco Mundial); el respeto del estado
a las áreas de inversión del sector privado y todo tipo de
prerrogativas a la inversión nacional y extranjera e
incluso, exención de impuestos a la reinversión; control
de precios y control a la inflación cierran los términos de
la política económica pro-monopolios para salir de la
crisis económica. En relación con la industria pequeña
y media, el estado asegura el crédito y su participación

en el proyecto económico nacional, con el objeto de integrarlos al proceso monopolista de acumulación y liquidar este cuello de botella.[6]

Para restablecer la vida política, las alianzas con las fracciones de la burguesía se realizan mediante la política económica descrita, los compromisos de la "Alianza para la Producción", que obliga al sector privado a invertir y expander su producción. y al sector público a desarrollar la producción de "bienes socialmente útiles" y proponer un proyecto nacional de desarrollo de la industria de bienes de producción para la industria petrolera, eléctrica y las industrias metálicas básicas (núcleo del nuevo modelo de acumulación).

El otro sentido en el que la B.P. restructura sus relaciones de dominio y control y negocia sus alianzas políticas, lo constituye el hecho de proponer un proyecto de Reforma Económica a través del Congreso del Trabajo y de la Asamblea General del Partido Oficial (PRI). Tal proyecto se inscribe en el proyecto político "nacional revolucionario", cuyo sentido principal es pretender aislar al capital monopolista extranjero y darle al proletariado un programa económico-político fuera de sus reivindicaciones inmediatas económicas por las que ha luchado en los últimos 40 años.

Esto último sugiere un cierto desplazamiento del campesinado como fuerza de apoyo principal a la B P., aunque el reparto de tierras y ahora, el derecho al trabajo, la salud y la sindicalización de los jornaleros persiste como política de control y manipulación. La clase obrera organizada por el estado se presenta ahora como la fuerza social de apoyo principal, y la política propuesta por ella cumple hoy el papel de negociar la hegemonía y la dirección del proceso general de reproducción de las relaciones políticas y sociales, con la fracción monopolista

6 Tomás González H., director del Fondo de Garantía y Fomento a la pequeña y mediana industria, anunció recientemente un programa de apoyo de 6 mil millones de pesos. *Excelsior*, 22 de febrero de 1979.

de la burguesía, sobre todo aquella que no respalda el papel creciente del estado en la vida económica.

La Reforma Política se plantea como medida para permitir que las minorías políticas se expresen en la vida pública, y que los estratos medios (estudiantes, profesionistas, burócratas, marginados) tengan canales de expresión de sus intereses. La Reforma Política también se define como un medio para restructurar las cámaras de representantes y darle una solución de continuidad a la democracia liberal, hasta ahora conculcada, controlada y subordinada al poder presidencial.

Los límites del proyecto "Nacional Revolucionario"

A nadie escapa la habilidad mostrada por la B.P. para dar una respuesta inmediata a la crisis económica. Los técnicos y los cuadros políticos de la B.P. resolvieron con cierta efectividad, y en el sentido monopolista, la recesión coyuntural y ya proponen medidas estratégicas referidas a la acumulación monopolista y al desarrollo de la industria pesada de bienes de capital. Incluso se restructura la vida política para adecuarla a clases emergentes y a la nueva correlación de fuerzas en el bloque de poder y en el de clases dominadas.

Pero ¿cuál es el límite de tal restructuración de la vida económica y la vida política? ¿Cómo puede incidir el movimiento democrático en la naturaleza del estado y cambiar su naturaleza de clase burguesa y su dirección principal promonopolista? ¿Cómo aprovechar la Reforma Política para levantar un proyecto político de las clases dominadas?

La respuesta a estas interrogantes es de suma importancia; los límites inmediatos están dados por tres factores al menos: primero, la existencia de formas monopólicas privadas de propiedad sobre las condiciones de reproducción de la formación social mexicana. Si se realiza la nacionalización de la banca, de la industria farmacéutica, de la industria alimenticia y la industria petroquímica secundaria, propuesta por el Congreso del Trabajo y el PRI, esto implica una restructuración de la propiedad en el régimen de producción a favor del estado y el capital monopolista nacional. En las condiciones actuales, tales nacionalizaciones suponen asegurar la hegemonía económica para las fracciones de la burguesía monopolista interna y un papel destacado del estado en la reproducción de las relaciones de producción capitalista monopólicas. El problema es si la burguesía monopolista extranjera aceptará ser desplazada de los sectores estratégicos de la economía y tener un papel secundario en el nuevo modelo de acumulación. Éste es el límite y la disyuntiva.

El frente popular democrático deberá apoyar, sin duda, tales medidas antimperialistas y mostrar las inconsecuencias de las nacionalizaciones y su previsible postergación en el tiempo por las burocracias política y sindical.

Un segundo límite de la restauración política será el carácter ampliado o restringido de la Reforma Política: si ésta se refiere a la Reforma Electoral; si el derecho a la información permite romper o no el monopolio de la comunicación y la manipulación informativa; si se permite la presencia de un punto de vista diferente al oficial; si los partidos políticos tienen el derecho a organizar, propagar y concientizar sin restricción; si se abre un espacio a la circulación de las ideas y su defensa, sin menoscabo a las libertades constitucionales.

Los límites propuestos en la Reforma Política en torno a la NO participación y actuación de los partidos políticos en los sindicatos y en las universidades, aunque en la práctica no son respetados por los aparatos de control del estado (Secretaría del Trabajo, CTM, CNC, burocracia universitaria, PRI, etc.), constituyen obstáculos a la acción política de los partidos de izquierda.

Estas limitaciones definen, sin duda, demandas nuevas de los partidos de izquierda: libertad para que los sindicalizados se afilien individualmente a los partidos políticos, no afiliación masiva de los sindicatos al Partido Oficial y, finalmente, respeto y libre acción de los partidos políticos en la política universitaria, así como la alternativa de la universidad democrática, crítica y popular que el Partido Comunista y otras organizaciones de izquierda quieran proponer en algunas universidades y centros de enseñanza.

Un tercer límite de gran importancia para la consecución de la Reforma Política es la existencia de aparatos represivos militares y paramilitares, organizados y entrenados para sofocar la libertad pública, espiar, torturar y encarcelar a los opositores al sistema. Sin una reforma o supresión a tales aparatos represivos, las posibilidades de expresión de los intereses populares estarán restringidas.

D. UNA ALTERNATIVA DE POLÍTICA ECONÓMICA
DEMOCRÁTICA PARA SALIR DE LA CRISIS

Esta presentación quedaría inconclusa si aquí no se incluyeran algunas reflexiones sobre una política económica de nuevo tipo, correspondiente a una salida de la crisis, en interés de las grandes mayorías del pueblo mexicano.

La política económica alternativa sugiere, como una medida estratégica, adjudicar el factor decisivo en el patrón monopolista de acumulación al estado, lo cual supone su presencia sustancial en las ramas estratégicas de dicho patrón, es decir, el control de la producción petrolera, de la electricidad, de la petroquímica básica y secundaria, de las industrias metálicas básicas y de la construcción de maquinaria. Esto implica aislar el capital monopolista extranjero de dichas ramas de nuestro aparato productivo, del comercio y del sistema financiero.

La política económica alternativa entraña el restablecimiento de la vida democrática en los sindicatos; el régimen de partidos y su fortalecimiento como formas de expresión política de las clases de sociedad mexicana; el respeto a las libertades políticas básicas de los mexicanos (reunión, asociación, libre expresión, etc.); cambios en la naturaleza de clase del estado y el acceso de la izquierda, del movimiento obrero y amplias capas de las clases medias, a las decisiones de política de la formación social mexicana. Estas proposiciones son requerimientos básicos para darle una solución democrática a la crisis; no significan ni la toma del poder, ni el socialismo o la socialización del estado y su proyecto económico-político. Pero tal democratización no es sino una exigencia del propio desarrollo económico y un paso necesario en el camino hacia el socialismo y la toma del poder por los trabajadores.

La primera cuestión de esta alternativa de política económica es que ella no sea producto de élites tecnocráticas y políticas. Esto es, *que las decisiones que involucran al desarrollo económico de la nación y a las condiciones de vida y de trabajo de nuestro pueblo, sean resultado de un debate nacional* en el que participen intelectuales, sindicatos independientes, partidos políticos, asambleas de vecinos, de trabajadores, de estudiantes; que como parte de la reforma política, la política económica sea producto de esta gran discusión y sea, por tanto, sancionada en forma democrática.

La segunda cuestión, respecto a las medidas de política económica inmediatas para salir de la crisis estructural y de la recesión coyuntural, es que se proponen en una perspectiva de más largo plazo, sin sacrificar el recurso petrolero en aras de una estabilidad aún frágil, por las no muy buenas expectativas de la economía norteamericana. Más concreto, que no por crear imágenes de "potencia petrolera" día con día se den cifras de reservas probadas y probables y que se ingrese de una vez por todas a una política de *discreción petrolera*, de abandono a la venta indiscriminada del crudo y de elaboración de una estrategia de desarrollo de la petroquímica básica y secundaria de Pemex.

El petróleo crudo por sí solo no podrá resolver los problemas de la balanza comercial, de los pagos por endeudamiento, de los requerimientos de bienes de capital que la industria energética, petroquímica, metalmecánica y constructora de maquinaria requiere. Los excedentes por la venta de petróleo no podrán cubrir, por otro lado, las deficiencias del mercado interno de productos agropecuarios y de bienes de consumo masivo. Se necesita resolver con los capitales internos, los cuellos de botella de nuestra estructura productiva agrícola e industrial, y los de nuestro mercado interno en su círculo de oferta de bienes de consumo popular y en la demanda del mercado de fuerza de trabajo.

Es necesario, por tanto, la inversión en industrias de bienes de consumo popular, ya sea realizada por el estado o por el sector privado. De otra parte, el estado puede incentivar la inversión privada y subsidiar los precios de estos bienes de consumo popular, así como ampliar organismos de comercialización popular como CONASUPO.

Tercera. En la política económica de gestión de la fuerza de trabajo, se propone un plan nacional de utilización de ésta, un balance del recurso, su nivel de preparación y los requerimientos que de ella tiene el aparato productivo actual y futuro. Dicho plan debe garantizar la subsistencia al trabajador desocupado mediante un seguro del desempleo y proponer salarios escalafonarios conforme a la preparación del trabajador.

Los salarios mínimos deben fijarse tomando en cuenta el nivel de los precios y sus fluctuaciones; establecer un *sistema de salario móvil,* esto es, que se ajuste automáticamente conforme al alza de los precios; establecer su monto conforme a los pronunciamientos de amplios sectores (partidos, sindicatos, especialistas, auscultación en fábricas, en dependencias del gobierno, comercios, etc.). La fijación de los salarios mínimos debe ser producto de una amplia consulta popular y un cierto nivel de las utilidades de los empresarios. Tal salario debe cubrir las necesidades básicas de reproducción del trabajador. Aquí intervendrá, por supuesto, la Comisión de los Salarios Mínimos, en la que tiene representación la parte patronal y la clase obrera.

Cuarta. Respecto a la gestión de la moneda por el

estado, el plan alternativo de política económica propone, ante las expectativas de una economía autofinanciada por los excedentes de petróleo, *renunciar a la carta de intención suscrita con el* FMI. Liberar así la restricción al gasto público y aplicar éste en un sentido social y productivo, con lo cual el salario real se incrementará y el papel del estado en la economía se ampliará sustancialmente, convirtiéndose éste en el eje del patrón de acumulación monopolista.

La inversión del estado debe ser prioritaria en energéticos y creación de bienes de capital; los *excedentes petroleros* deben destinarse a la creación y ampliación del área estatal de la economía, en particular la creación del sector productor de máquinas-herramientas. La masa de medios circulantes, una vez liberados de los topes impuestos por el FMI, debe verse regulada por la masa de bienes producidos y también debe servir, en ocasiones, para ampliar los servicios sociales, incentivar la economía nacional y mejorar los salarios reales de los trabajadores manuales e intelectuales del país.

Quinta. La paridad del peso debe depender de nuestra economía, de su producción, de su estabilidad, de las condiciones sanas (proporcionales) de nuestra balanza comercial, más que del dólar, moneda que está en crisis como respaldo en el sistema monetario internacional; los excedentes de petróleo pueden permitir la formación de una base de reserva que respalde nuestra moneda y la saque de su condición de inestabilidad.

Sexta. Reforma fiscal a fondo. El estado tiene que gravar a aquellos grupos monopolistas con altos ingresos; abandonar su tradicional política de hacer recaer la carga fiscal en las clases medias y populares, mediante los índices de precios afectados al alza por los impuestos indirectos; reducir o eliminar su política proteccionista y modificar los impuestos que gravan la posesión del capital; eliminar el anonimato en las acciones y valores; no subsidiar más al capital mediante energéticos o servicios prestados por las empresas del estado al sector privado; liberar a las clases populares y medias de las cargas fiscales. Sólo así se ampliará el mercado de bienes de consumo básico y se eliminará un cuello de botella actual de nuestra economía.

En resumen, la gestión de la fuerza de trabajo por el estado debe procurar un restablecimiento de su salario real respecto de la carrera de los precios. Para ello se propone *un ajuste general de salarios, una escala móvil de salarios, la ampliación de las funciones sociales del estado y la transformación de los sindicatos a formas de expresión de los intereses de clase de los trabajadores.*

La gestión del estado como interventor central en el proceso de acumulación monopolista debe aislar al capital monopolista extranjero de las ramas estratégicas del patrón actual de acumulación (energéticos, petroquímica básica y secundaria, metalmecánica), del sector financiero y del comercio.

La gestión de la moneda por el estado debe romper con las limitaciones impuestas por el FMI, y aprovechar para ellos las posibilidades financieras que dan los excedentes petroleros; *con esto, las funciones financieras y sociales del estado podrán ampliarse y favorecer las condiciones de vida y de trabajo del pueblo.*

Adjudicar el papel central al estado en la reproducción del capital, significa un nuevo sistema de compromisos con el capital monopolista nacional y extranjero; supone que la burocracia política reelabore su hegemonía. En ello, las fuerzas democráticas no nos metemos; lo que nos corresponde es señalar que esta intervención del estado sea decisiva, asegure el aislamiento del capital monopolista extranjero y el nacional comprometido con él, permita que las clases trabajadoras no carguen con los costos sociales y políticos de la crisis y que estas clases se beneficien en mayor medida de las funciones sociales del estado.

En lo político, tal intervención debe posibilitar la restauración democrática de la vida política de los sindicatos, del parlamento, de las organizaciones populares. No es posible ampliar los canales de expresión política de las clases, sin desterrar *un aparato represivo que aún persiste y que se usa sistemáticamente* para liquidar los movimientos democráticos. Deben desaparecer, por tanto, la policía de Gobernación con sus torturadores (Gutiérrez Barrios, García Paniagua, Mendiolea Cerecero), la policía militar, la policía del Departamento Central, los cuerpos antiguerrilleros, la policía paramilitar de la llamada Brigada Blanca. En una palabra, sin reforma al sistema policiaco y con la intervención de los militares en la política, la reforma política y las libertades básicas del mexicano seguirán amenazadas.

Finalmente, el capítulo económico de la constitución debe privilegiar este papel rector del estado en la vida económica y política, e incluir una mención a los límites al capital extranjero, reglamentar su participación complementaria y proponer la nacionalización cuando tales límites y reglamentos sean violados.

El capital nacional tiene que ajustar su acción a los lineamientos que el estado proponga, e integrarla a las funciones sociales de éste.

La legislación en materia económica tendrá que incluir la necesaria discusión pública de la política económica del estado, la cual deberá ser sancionada por una amplia consulta popular.

En suma, la sanción estratégica de la política económica alternativa la podemos enunciar en los siguientes puntos:

PRIMERO: El estado se transforma en el factor decisivo del patrón monopolista de acumulación, integrado en el proyecto de industrialización al sector monopolista nacional, a la mediana y a la pequeña industria.

En el comercio y las finanzas, ampliará su participación, y en las tres esferas *aislará y reducirá la participación del capital monopolista extranjero a un factor complementario y de orden secundario.*

SEGUNDO: La crisis del sector agropecuario tendrá que resolverse mediante un cambio de estrategia del desarrollo capitalista, en la que el estado nacionalice el neolatifundio creando empresas agropecuarias del estado, fortaleciendo, de otra parte, el sector cooperativo mediante el crédito, la seguridad de la tenencia y el aprovisionamiento técnico y científico. Sin un plan nacional agropecuario que garantice la producción de alimentos, los déficit de la balanza comercial persistirán. Sin sanción estratégica del desarrollo, las medidas de política económica coyuntural no harán sino restablecer temporalmente el equilibrio roto.

E. RESCATAR LA DEMOCRACIA FORMAL PARA ALCANZAR (TOMAR POR ASALTO) LA DEMOCRACIA DIRECTA: EL SOCIALISMO

Sería pretencioso en la parte final de este ensayo, responder en profundidad a las preguntas sugeridas anteriormente: ¿Cómo puede incidir el movimiento democrático en la naturaleza de clase burguesa del estado, y cambiar su dirección principal promonopolista en su política económica? ¿Cómo trastocar las bases de la democracia formal en el sistema político mexicano? ¿Cómo articular y darle coherencia al incipiente proyecto político de las clases dominadas en México, en la lucha por el socialismo? Aquí únicamente haremos algunas reflexiones al respecto.

La democracia formal, representativa, que nuestro sistema político adoptó y reformuló conforme a su tradición y necesidades, liquidó o postergó en su desarrollo algunas reglas básicas de la democracia. *Primero*: los derechos políticos del mexicano, es decir, el derecho a expresar con el voto su propia opinión; este voto, al contrario, se transformó en estos años de democracia representativa en un medio de legitimación del poder y del proyecto político del partido oficial. *Segundo*: la libertad de conformar una opinión política, vale decir, las demandas e intereses de clase mediante la confrontación entre partidos, la que se redujo, en ocasiones, a los períodos de elección entre partidos controlados y subordinados al partido oficial (el PRI). A su vez, las legislaturas fueron cada vez menos representantes de diferentes demandas

e intereses bajo el poder presidencial. *Tercero*: No se
ofrecieron alternativas o proyectos políticos diferentes.
Desde los tiempos de la formación del PNR, la única
posibilidad era la del proyecto político oficial; el plan
sexenal, el desarrollo equilibrado, el desarrollo estabilizador, el desarrollo compartido, la alianza nacional
democrática para la producción. Todas se impusieron
así, sin alternativa a la sociedad mexicana en su conjunto. *Cuarto*: Durante estos años la democracia formal
consolidó el poder del partido oficial y las minorías no
tuvieron el poder legislativo para hacerse presentes; hubo
un simulacro de partidos minoritarios (PPS, PARM, PAN)
que sólo cubrieron los huecos de la escenografía de la
democracia representativa, en la que la mayoría numé-
rica actuó, en cierto sentido, como dictadura de un
partido, el oficial (el PRI).

La crisis política mostró con claridad las limitaciones
de la democracia formal mexicana, pero la restauración de la vida política que impuso a la burocracia política una reforma política, una reforma electoral, cambios
en el contenido de la información, proyectos para refor-
mar y fortalecer la sociedad civil, respondía también a
necesidades del sistema político, a una progresiva socialización de la producción, la que, a su vez, requería de
una ampliación de la libertad política. Una socialización
correspondiente de la política.

La modernización del sistema político, o la recons-
titución de la democracia formal, que no democracia
directa, enfrenta una serie de paradojas, entre otras:
"pedimos cada vez más democracia en condiciones obje-
tivas cada vez más desfavorables". Al crecer las funciones
del estado, crece también el aparato burocrático, de
estructura jerárquica y no democrática, de poder descen-
dente y no ascendente; con el desarrollo técnico de las
sociedades industriales se requiere de soluciones técnicas;
la tecnocracia se hace indispensable, "de donde se de-
riva la frecuente tentación de gobernar mediante técnicos

puros o tecnocracia".[7] Y finalmente, la masificación de la
sociedad adoctrina y suprime el sentido de la responsa-
bilidad individual, que es la base sobre la cual se rige
una sociedad democrática.[8] Dichas paradojas encierran algunas de las limitaciones
de nuestra democracia formal, las cuales hay que superar
mediante el rescate de las libertades básicas del ciudadano, pero también enfrentando la limitación peculiar
al sistema político mexicano. Fortalecer, por ejemplo, el
régimen de partidos mediante la oposición militante y no
domesticada, conseguir el registro definitivo de los partidos de oposición y buscar la participación de nuestro
pueblo en la lucha electoral, significa recuperar parte
de la libertad política, actuar en la democracia formal,
romper sus límites, reducir lo paradójico y sobre todo,
minar las bases de soluciones autoritarias, de la perma-
nencia de la dictadura del PRI, del monopolio de control
corporativo y vertical de la sociedad civil por la sociedad
política. La lucha contra estas deformaciones de la democracia constituye un medio para alcanzar la libertad
política.

Habría muchos más argumentos para proponer el
rescate de la democracia formal. Baste además decir que
en la lucha por el ejercicio de esta democracia, mediante
las libertades públicas y su vigencia, está también el
camino hacia la democracia directa, la que Umberto
Cerroni llama la *socialización del poder*: el socialismo.

Nosotros entendemos por democracia directa no sólo
la socialización real de la producción, sino también la

---

[7] "La tecnocracia es el gobierno de los competentes, esto es,
de aquellos que saben una sola cosa, pero la saben o deberían
saberla bien; *la democracia es el gobierno de todos, es decir,
de aquellos que deberían decidir no en base a la competencia,
sino en base a la propia existencia.* El protagonista de la sociedad
industrial es el científico, el especialista, el experto; el protagonista de la sociedad democrática, *es el ciudadano común, el
hombre de la calle,* el quisque e populo. Norberto Bobbio, "¿Qué
alternativas a la democracia representativa?" *El marxismo y el
Estado.* Ed. Avance, S. A., Barcelona, abril, 1977.

[8] Norberto Bobbio, *op. cit.*, pp. 52-58.

socialización del poder, y ésta no se consigue sino mediante la libertad política, la cual depende a su vez de la
capacidad crítica que tenga el movimiento obrero y
el movimiento social de las clases dominadas de nuestra sociedad, de la crítica al sistema político y productivo
capitalista.

Si agregamos que el movimiento real de las relaciones
sociales de producción hacia la socialización creciente,
imponen tal democratización de la democracia formal,
no tenemos por qué no impulsar este movimento político
por las libertades básicas del ciudadano común, mediante la crítica a una democracia representativa, formal,
delegativa de soberanía, y que ha corrompido las propias
bases legales sobre las que se sustenta en la constitución de 1917.

Para alcanzar la democracia directa o la autogestión
de los productores o la administración de la sociedad
por el hombre común, éste debe estar dotado por el sentido común, de la conciencia política, de la *capacidad
crítica*, la misma que le permitió rescatar los valores (las
libertades) de la democracia formal. Tal camino pasa
hoy por la democracia política. "El mundo está dominado, por decirlo así, por una doble e inevitable necesidad lógica: *la democracia política conduce al socialismo, y el socialismo conduce a la democracia política*."[9]

La democracia política y su vigencia es un primer
paso en el camino de transformar la naturaleza de clase
del estado y su dirección promonopolista. Mientras más

[9] "Si todos participan en la gestión del estado, el capitalismo no puede mantenerse. He aquí por qué la república democrática de la igualdad formal es al mismo tiempo la mejor envol-
tura del capitalismo y el mejor terreno de lucha del movimiento
socialista: representa, por así decir, un nuevo nivel histórico de
la contienda entre capitalismo y socialismo, un nivel en el que la
contienda ya no es solamente de intereses económicos, sino
también de estrategias políticas y de concepciones de la vida
y el mundo, una contienda hegemónica para orientar la historia
de una forma nueva." Umberto Cerroni, "¿Existe una ciencia
política marxista?" *El marxismo y el Estado*, Barcelona, Ed.
Avance, S. A., abril de 1977, p. 73.

avance el movimiento obrero en su independencia respecto del estado, y más rescate para su clase la dirección del proceso de democratización, tanto más influirá en la democracia formal y en el carácter y naturaleza del estado burgués.

ANEXO

CUADRO 1: INVERSIÓN BRUTA AGROPECUARIA PÚBLICA Y
PRIVADA

(Millones de pesos de 1960)

Años	Inversión Total (1)	Inversión agropecuaria			Participación relativa (2/1)
		Total (2)	Pública (3)	Privada (4)	
1950	14 291	3 037	1 353	1 684	21.3
1955	21 842	3 845	852	2 993	17.6
1960	30 209	4 296	524	3 772	14.2
1965	43 148	3 838	924	2 914	8.9
1967	51 246	4 803	1 709	3 094	9.4

Tasa media anual de crecimiento (%)

1950-1955	8.9	4.8	8.8	12.1
1955-1960	6.7	2.2	9.3	4.8
1960-1965	7.4	2.2	12.0	5.0
1965-1967	9.0	11.9	36.0	3.0

FUENTE: Banco de México, S. A., *Cuentas nacionales y activos de capital*; tomado de Jesús Puente Leyva, "Acumulación de capital y crecimiento del sector agropecuario en México, 1930-1967".

CUADRO 2: INVERSIÓN PÚBLICA FEDERAL Y FOMENTO AGRO-
PECUARIO

(Millones de pesos)

Años	Inversión total (1)	Fomento agropecuario (2)	Participación relativa (2/1)
1947-1952	13 574	2 690	19.8
1953-1958	27 981	3 886	13.9
1959-1964	67 361	7 143	10.6
1965-1970	129 485	12 552	10.5
1971	22 559	3 264	14.5
1972	34 715	4 948	14.3
1973	49 838	7 004	14.1
1971-1974	173 522	26 758	15.4
1974	66 410	11 502	17.3
1975	90 000	18 000	20.0

Tasa media anual de crecimiento (%)

1947-1952	12.8	6.0
1953-1958		
1959-1964	14.6	10.4
1965-1970	12.7	11.2
1971-1972	53.8	51.6
1972-1973	43.6	42.4
1973-1974	33.2	63.3
1974-1975	35.5	56.6

FUENTE: Banco de México, S. A., *Cuentas nacionales y activos
de capital.*

CUADRO 3: LUGAR DE LA INDUSTRIA DE TRANSFORMACIÓN
EN LOS DIFERENTES SECTORES DE LA ECO-
NOMÍA

Estructura de la producción

(Porcentaje del producto bruto, a precios de 1960)

Ramas	1940	1950	1960	1967	1970
Producción agrícola	23.2	20.0	23.0	15.8	7.1
Producción industrial	31.0	31.0	33.0	26.5	34.4
Manufacturas	17.8	20.7	23.3	26.5	27.3
Minería	4.6	2.4	1.6	1.5	1.0
Electricidad	0.9	0.9	1.3	1.5	1.8
Petróleo	2.8	2.7	3.2	3.2	4.3
Construcción	4.9	4.3	4.5	3.9	4.6
Servicios	45.8	48.2	48.9	47.5	23.3
Total	100%	100%	100%	100%	100%

FUENTE: Elaborado con datos de Leopoldo Solís M. "Hacia un
análisis general a largo plazo del desarrollo económico de México", en Demografía y Economía (1967),
citado por Roger D. Hansen. Los datos de 1960 son
calculados, los de 1970 provienen del *Prontuario Estadístico de la Secretaría de Recursos Hidráulicos*, octubre de 1974, y del *Banco Nacional de Comercio Exterior*, México.

ANEXO

CUADRO 4: DISTRIBUCIÓN SECTORIAL DEL PIB Y TASAS DE INCREMENTO ANUAL A PRECIOS DE MERCADO, PARTICIPACIÓN RELATIVA (1950, 1960, 1970, 1972)

(*Millones de pesos de 1960*)

Concepto	1950	%	1960	%	1970	%	1972	%	Tasas de incremento % anual			
									1950 1960	1960 1970	1970 1971	1971 1972
P.I.B.	86 973	100	150 511	100	296 600	100	329 800	100	5.6	7.0	3.4	7.5
Agricultura	10 176	11.7	14 790	9.8	21 140	7.1	21 138	6.4	3.8	3.6	1.8	-1.8
Ganadería	4 032	4.6	7 966	5.8	11 848	4.0	12 689	3.8	7.0	4.0	3.0	4.0
Otras primarias	1 234	1.4	1 214	0.8	1 547	0.5	1 616	0.5	-0.2	2.5	2.7	6.7
Industria	23 467	27.0	43 933	29.2	102 154	34.4	114 591	34.7	6.5	8.8	3.1	9.4
Comercio	25 799	29.7	46 880	31.1	94 491	31.9	105 112	31.9	6.2	7.3	3.0	7.4
Servicios	22 265	25.6	37 247	24.7	68 987	23.3	78 781	23.9	5.3	6.4	6.2	7.6

FUENTE: Elaborado a partir de las cifras del *Prontuario Estadístico de la Secretaría de Recursos Hidráulicos*, México, 1974.

CUADRO 5: MÉXICO: ESTRUCTURA OCUPACIONAL (1940, 1950, 1960, 1970)
(Miles de personas)

Concepto	1940	%	1950	%	1960	%	1970	%
Población total	19 654	100	25 791	100	34 923	100	48 225	100
Económicamente activa	5 858	29.8	8 345	32.4	11 332	32.4	12 955	26.9
P.E.A.		100		100		100		100
*Actividades Primarias**	3 831	64.5	4 824	57.8	6 134	54.3	5 104	39.4
Industria	909	15.5	1 329	15.9	2 147	18.9	2 973	22.9
Extractiva	107	1.8	97	1.2	142	1.3	180	1.4
Electricidad	26	0.4	35	0.4	41	0.4	53	0.4
Construcción	106	1.8	225	2.7	408	3.6	571	4.4
Manufacturas	670	11.4	972	11.6	1 556	13.7	2 169	16.7
Servicios	1 118	19.1	2 192	26.3	3 041	26.8	4 870	37.7

* Incluye agricultura, silvicultura y pesca.
FUENTE: Secretaría de Industria y Comercio, Dirección General de Estadística.

CUADRO 6: VOLUMEN DE LA PRODUCCIÓN MANUFACTURERA 1939-1947
(1939 = 100)

Industria	1939	1940	1941	1942	1943	1944	1945	1946	1947
Textiles de algodón	100.0	101.8	122.7	131.4	148.0	151.1	163.8	164.9	146.5
Textiles de lana	100.0	94.3	96.4	100.5	100.06	110.5	112.4	116.9	102.6
Rayón	100.0	88.2	86.0	66.3	51.5	64.0	75.0	72.5	60.8
Vestidos	100.0	96.6	87.6	86.9	75.0	65.2	62.2	53.6	48.6
Molinos de harina	100.0	99.5	106.8	124.4	122.2	129.6	125.2	99.8	95.8
Cerveza	100.0	113.2	116.7	140.1	168.9	211.2	226.3	276.7	210.9
Preparación y conservación de alimentos	100.0	109.5	102.9	101.9	237.9	258.1	298.5	352.8	343.6
Aceites vegetales	100.0	91.7	102.3	93.8	64.2	51.3	50.5	42.1	71.3
Azúcar	100.0	99.7	113.1	141.8	137.4	130.2	115.9	124.9	162.6
Hierro y acero	100.0	125.9	121.2	153.4	156.7	160.7	169.8	222.8	275.3
Cemento	100.0	118.4	121.2	143.7	141.3	132.3	162.3	161.2	163.3
Zapatos	100.0	116.0	95.3	101.7	71.3	60.1	68.2	70.1	48.1
Jabón	100.0	89.8	102.1	100.0	94.8	96.7	99.4	93.5	90.7
Puros y cigarros	100.0	96.2	96.9	102.6	113.2	116.1	116.1	131.4	118.4
Cerillos	100.0	98.5	109.7	137.6	114.1	120.1	126.0	111.4	121.1
Hule	100.0	93.4	96.3	104.7	83.2	105.1	109.2	162.3	190.8
Papel	100.0	104.3	121.1	112.3	119.7	127.0	130.7	123.4	121.6
Alcohol	100.0	121.1	141.6	194.8	234.5	282.8	210.6	156.7	213.7
Vidrio soplado	100.0	232.8	263.4	291.5	355.1	319.2	388.8	204.3	209.9
Otros vidrios	100.0	103.5	133.6	156.3	130.9	123.0	165.4	150.3	140.4
	100.0	103.0	112.0	124.6	125.9	132.2	138.9	139.6	136.0

FUENTE: Secretaría de la Economía Nacional, Oficina de Barómetros Económicos. *Trimestre de Barómetros Económicos*, núm. 8, marzo, 1948. Tablas 7, 8 y 9.

FUENTE: A. Mosk Sanford, *Industrial Revolution in México*, p. 317.

CUADRO 7: VOLUMEN DE LA PRODUCCIÓN MANUFACTURERA 1939-1947
(1939 = 100)

Industria	1939	1940	1941	1942	1943	1944	1945	1946	1947
Textiles de algodón	100.0	108.5	128.6	148.0	221.5	158.1	291.8	338.3	332.9
Textiles de lana	100.0	111.7	123.6	139.2	167.8	190.4	217.8	261.7	270.9
Rayón	100.0	97.0	88.2	87.7	87.1	113.6	134.0	155.0	150.7
Vestidos	100.0	106.5	110.4	115.3	147.3	141.7	148.7	163.1	153.3
Molinos de harina	100.0	103.3	111.2	134.1	163.4	194.9	204.4	225.7	237.5
Cerveza	100.0	119.0	126.1	152.7	193.8	286.7	322.4	391.6	398.0
Preparación y conservación de alimentos	100.0	104.9	112.8	135.6	461.3	687.7	876.9	1 168.8	1 118.4
Aceites vegetales	100.0	96.4	130.5	173.6	168.0	114.8	164.7	190.6	263.9
Azúcar	100.0	100.3	134.4	174.5	210.5	245.4	245.3	447.9	565.5
Hierro y acero	100.0	159.7	153.4	196.0	197.1	254.3	294.1	451.2	530.6
Cemento	100.0	140.5	175.8	208.1	236.5	237.1	322.2	364.8	435.2
Zapatos	100.0	110.6	109.7	134.2	167.6	180.8	211.6	245.8	166.7
Jabón	100.0	93.7	115.8	167.7	212.6	238.5	255.2	350.0	321.5
Puros y cigarros	100.0	103.5	110.0	123.3	120.0	147.9	186.8	215.5	244.3
Cerillos	100.0	138.3	165.1	218.3	229.7	263.5	309.3	328.9	360.1
Hule	100.0	95.5	103.0	142.9	123.8	155.2	201.0	308.2	337.7
Papel	100.0	128.7	151.7	182.7	191.0	218.1	244.4	251.4	282.9
Alcohol	100.0	124.4	134.6	142.0	264.2	318.0	367.6	335.7	456.6
Vidrio soplado	100.0	208.9	243.6	263.4	355.8	366.7	480.6	449.4	676.9
Otros vidrios	100.0	109.5	126.7	166.3	177.8	215.9	251.0	239.6	258.7
	100.0	109.5	125.6	153.9	192.9	216.7	250.7	209.9	333.1

FUENTE: Secretaría de la Economía Nacional, Oficina de Barómetros Económicos, *Trimestre de Barómetros Económicos*, núm. 8, marzo, 1948. Tablas 10, 11, 12.

FUENTE: A. Mosk Sanford, *op. cit.*, p. 318.

CUADRO 8: PRODUCTO INTERNO BRUTO E INGRESOS DE LOS FACTORES; TIPO DE ACTIVIDAD ECONÓMICA; INDUSTRIA DE TRANSFORMACIÓN; CUENTAS NACIONALES (1950, millones de pesos de 1960)

Tipo de actividad económica	Producción bruta	Consumo intermedio	P.I.B.	Remuneración asalariados	Asignación** consumo capital fijo
7*. Extracción y refinación de petróleo y fabricación de productos derivados del carbón	4 502	2 398	2 104	1 083	523
8. Matanza de ganado y de aves, preparación y conservación de carne, fabricación y tratamiento de productos lácteos	2 081	1 486	595	213	67
9. Molienda de trigo y de nixtamal, manufactura de productos de panadería y pastelería; fabricación de tortilla	6 726	4 537	2 189	844	131
10. Manufactura de otros productos alimenticios	5 636	4 207	1 429	812	91
11. Elaboración de bebidas	2 042	985	1 057	407	57
12. Manufactura de productos de tabaco	829	259	570	56	9
13. Hilado, tejidos y acabados textiles de fibras blandas	3 583	2 047	1 536	1 413	94
14. Otras industrias textiles	938	514	424	190	44

15. Fabricación de calzados, prendas de vestir y tejidos de punto	3 670	1 847	1 823	1 285	127
16. Industria de madera y corcho	1 587	951	636	187	57
17. Fabricación de papel y productos de papel	1 195	475	720	213	63
18. Imprenta, editorial e industrias conexas	820	435	385	243	93
19. Industrias del cuero y productos de cuero	849	438	410	137	32
20. Fabricación y reparación de productos de hule	509	286	223	93	18
21. Fabricación de productos químicos básicos, orgánicos e inorgánicos	266	122	144	74	37
22. Fabricación de fibras sintéticas, resinas, materiales plásticos, elásticos y hule sintético	204	123	81	45	—
23. Fabricación y mezcla de abonos y fertilizantes y de insecticidas	57	38	19	13	5
24. Producción de jabones, detergentes y otros productos para el lavado y aseo	556	388	168	49	24
25. Fabricación de productos farmacéuticos adicionales	812	491	321	204	5
26. Fabricación de perfumes, cosméticos y otros artículos de tocador	272	117	155	49	3
27. Otras industrias químicas	420	286	134	56	22
28. Fabricación de productos minerales no metálicos	1 130	615	565	352	167

Tipo de actividad económica	Producción bruta	Consumo intermedio	P.I.B.	Remuneración asalariados	Asignación** consumo capital fijo
29. Industrias metálicas, fundiciones de hierro, bronce y otros metales	1 515	850	665	271	174
30. Fabricación y reparación de productos metálicos	1 004	557	447	270	123
31. Construcción y reparación de maquinaria	423	150	273	85	26
32. Construcción y reparación de maquinaria, aparatos, accesorios y artículos eléctricos	603	331	362	177	36
33. Construcción y reparación de equipo y material de transporte	325	163	162	198	17
34. Construcción de vehículos automóviles	928	683	245	82	12
TOTAL SECTOR I	4 888	2 734	2 154	1 083	388
35. Industrias manufactureras diversas	589	263	326	188	35
37. Electricidad	741	279	462	513	72
TOTAL SECTOR II	44 952	26 321	18 630	9 802	2 164
TOTAL SECTORES I y II	40 064	23 587	16 476	8 719	1 776

FUENTE: Elaborado conforme a las *Cuentas Nacionales*.

* Se incluye petróleo y sus derivados así como electricidad, por la importancia de los energéticos en la industrialización y el futuro papel de generadores del ingreso en el desarrollo del Sector I de ambas ramas.

** Depreciación.

CUADRO 9: DATOS DE TABULACIÓN DEL CENSO SOBRE LA MANUFACTURA MEXICANA

	Número de establecimientos	Inversión millones de pesos	Valor de la producción. Millones de pesos	Núm. de empleados	Sueldos y salarios pagados. Millones de pesos
Censo de 1930[a]	48 850	980	915	318 763	181
Censo de 1935[b]	6 916	1 670	1 890	318 041	286
Censo de 1940[b]	13 510	3 135	3 115	389 953	568
Padrón de 1945[a]	51 128	4 352	5 342	593 970	1 125

FUENTE: Basado en el *Compendio Estadístico* 1947, p. 322.
[a] Todos los establecimientos.
[b] Incluye sólo aquellos establecimientos con una participación anual de 10 000 pesos o más.

CUADRO 10: ACERVOS DE CAPITAL TOTAL. INDUSTRIA DE TRANSFORMACIÓN
(Millones de pesos de 1960)

Actividad económica	1950	1960	1967
7. Extracción y refinación de petróleo y fabricación de productos derivados del carbón	8 035	17 334	26 648
8. Matanza de ganado y de aves, preparación y conservación de carne, fabricación y tratamiento de productos lácteos	1 518	2 718	6 969
9. Molienda de trigo y de nixtamal, manufactura de productos de panadería y pastelería; fabricación de tortilla	3 575	6 035	9 514
10. Manufactura de otros productos alimenticios	3 882	9 533	18 936
11. Elaboración de bebidas	2 189	4 120	5 405
12. Manufactura de productos de tabaco	247	514	838
13. Hilado, tejidos y acabados textiles de fibras blandas	1 033	3 997	5 254
14. Otras industrias textiles	2 171	2 115	2 188
15. Fabricación de calzados, prendas de vestir y tejidos de punto	3 764	7 000	8 388
16. Industria de madera y corcho	1 849	3 355	4 231
17. Fabricación de papel y productos de papel	1 512	3 003	4 916

18. Imprenta, editorial e industrias conexas	1 316	1 854	3 483
19. Industrias del cuero y productos de cuero	570	1 116	1 128
20. Fabricación y reparación de productos de hule	605	1 052	1 247
21. Fabricación de productos químicos básicos, orgánicos e inorgánicos	506	1 762	4 397
22. Fabricación de fibras sintéticas, resinas, materiales plásticos, elásticos y hule sintético	673	1 383	3 161
23. Fabricación y mezcla de abonos y fertilizantes y de insecticidas	153	1 023	2 099
24. Producción de jabones, detergentes y otros productos para el lavado y aseo	694	2 019	3 701
25. Fabricación de productos farmacéuticos adicionales	663	1 346	3 001
26. Fabricación de perfumes, cosméticos y otros artículos de tocador	109	187	578
27. Otras industrias químicas	535	1 054	2 183
28. Fabricación de productos minerales no metálicos	2 742	3 941	6 333
29. Industrias metálicas, fundiciones de hierro, bronce y otros metales	3 729	9 882	16 837
30. Fabricación y reparación de productos metálicos	2 234	5 989	6 657

Actividad económica	1950	1960	1967
31. Construcción y reparación de maquinaria	924	2 222	2 593
32. Construcción y reparación de maquinaria, aparatos, accesorios y artículos eléctricos	1 775	2 889	5 418
33. Construcción y reparación de equipo y material de transporte	569	1 213	1 965
34. Construcción de vehículos automóviles	957	1 159	3 567
TOTAL SECTOR I	10 188	23 354	37 037
35. Industrias manufactureras diversas	1 012	1 573	2 895
37. Electricidad	5 000	10 060	21 496
TOTAL SECTOR II	54 541	105 148	186 026
TOTAL SECTORES I y II	44 353	87 794	148 989

FUENTE: Elaborado en base de las *Cuentas Nacionales* para los años 1950, 1960, 1967, para 1970, se tomó I. C. (Incluye petróleo núm. 7 y electricidad.)

CUADRO 11: ACERVOS DE CAPITAL. EXISTENCIAS INDUSTRIA DE TRANSFORMACIÓN
(*Millones de pesos, 1960*)

Tipo de actividad económica	1950	1960	1967	1970
7. Extracción y refinación de petróleo y fabricación de productos derivados del carbón	858	1 887	3 536	13 430*
8. Matanza de ganado y de aves, preparación y conservación de carne, fabricación y tratamiento de productos lácteos	269	326	468	
9. Molienda de trigo y de nixtamal, manufactura de productos de panadería y pastelería; fabricación de tortilla	982	1 205	1 918	
10. Manufactura de otros productos alimenticios	711	2 039	3 949	
11. Elaboración de bebidas	222	917	2 017	
12. Manufactura de productos de tabaco	81	278	592	
13. Hilado, tejidos y acabados textiles de fibras blandas	813	1 740	936	
14. Otras industrias textiles	175	218	232	
15. Fabricación de calzados, prendas de vestir y tejidos de punto	517	1 123	2 623	
16. Industria de madera y corcho	145	368	677	
17. Fabricación de papel y productos de papel	182	449	1 330	

Tipo de actividad económica	1950	1960	1967	1970
18. Imprenta, editorial e industrias conexas	126	188	356	
19. Industrias del cuero y productos de cuero	104	273	70	
20. Fabricación y reparación de productos de hule	143	327	281	
21. Fabricación de productos químicos básicos, orgánicos e inorgánicos	56	229	545	
22. Fabricación de fibras sintéticas, resinas, materiales plásticos, elásticos y hule sintético	66	174	367	
23. Fabricación y mezcla de abonos y fertilizantes y de insecticidas	32	93	167	
24. Producción de jabones, detergentes y otros productos para el lavado y aseo	136	164	172	
25. Fabricación de productos farmacéuticos adicionales	225	506	458	
26. Fabricación de perfumes, cosméticos y otros artículos de tocador	75	133	259	
27. Otras industrias-químicas	115	351	47	
28. Fabricación de productos minerales no metálicos	272	560	1 123	
29. Industrias metálicas, fundiciones de hierro, bronce y otros metales	265	1 039	2 349	

30. Fabricación y reparación de productos metálicos	261	686	784*
31. Construcción y reparación de maquinaria	145	302	419
32. Construcción y reparación de maquinaria, aparatos, accesorios y artículos eléctricos	269	661	823*
33. Construcción y reparación de equipo y material de transporte	96	237	405
34. Construcción de vehículos automóviles	498	530	1 593
TOTAL SECTOR I	1 534	3 445	6 353
35. Industrias manufactureras diversas	73	155	561
37. Electricidad	189	314	701
	5 667	14 007	23 275
TOTAL INDUSTRIAS	7 201	17 462	29 628

FUENTE: Banco de México *Cuentas Nacionales* (7ª a 37º filas) (incluye petróleo y electricidad).
* Anuario Estadístico SIC (1970-1971) P.S.G.

CUADRO 12: PRODUCTO INTERNO BRUTO E INGRESO DE LOS FACTORES ACTIVIDAD ECONÓMICA INDUSTRIA DE TRANSFORMACIÓN (1960, millones de pesos 1960)

Tipo de actividad económica	Producción bruta	Consumo intermedio	P.I.B.	Remuneración asalariados	Asignación consumo capital fijo
7a. Extracción y refinación de petróleo y fabricación de productos derivados del carbón	9 575	4 497	5 078	1 489	1 092
7b. Producción petroquímica base	52	2	50	—	—
8. Matanza de ganado y de aves, preparación y conservación de carne, fabricación y tratamiento de productos lácteos	3 551	2 382	1 169	393	144
9. Molienda de trigo y de nixtamal, manufactura de productos de panadería y pastelería; fabricación de tortilla	8 792	5 765	3 027	1 839	288
10. Manufactura de otros productos alimenticios	11 502	7 591	3 811	1 214	259
11. Elaboración de bebidas	4 335	2 463	1 872	426	91
12. Manufactura de productos de tabaco	1 275	534	741	48	15
13. Hilado, tejidos y acabados textiles de fibras blandas	4 895	2 828	2 057	1 222	175
14. Otras industrias textiles	1 446	792	654	211	119

15. Fabricación de calzado, prendas de vestir y tejidos de punto	5 429	3 088	2 341	1 814	203
16. Industria de madera y corcho	1 833	937	896	226	104
17. Fabricación de papel y productos de papel	2 180	1 441	739	337	120
18. Imprenta, editorial e industrias conexas	1 590	878	712	385	127
19. Industrias del cuero y productos de cuero	1 187	815	372	161	60
20. Fabricación y reparación de productos de hule	1 309	721	588	169	28
21. Fabricación de productos químicos básicos, orgánicos e inorgánicos	1 061	688	373	168	119
22. Fabricación de fibras sintéticas, resinas, materiales plásticos, elásticos y hule sintético	710	442	268	100	1
23. Fabricación y mezcla de abonos y fertilizantes y de insecticidas	623	441	182	66	54
24. Producción de jabones, detergentes y otros productos para el lavado y aseo	1 103	810	293	80	99
25. Fabricación de productos farmacéuticos adicionales	1 976	1 195	781	421	12
26. Fabricación de perfumes, cosméticos y otros artículos de tocador	785	358	427	107	4
27. Otras industrias químicas	1 214	881	333	122	34
28. Fabricación de productos minerales no metálicos	2 528	1 346	1 182	532	211

Tipo de actividad económica	Producción bruta	Consumo intermedio	P.I.B.	Remuneración asalariados	Asignación consumo capital fijo
29. Industrias metálicas, fundiciones de hierro, bronce y otros metales	4 690	2 904	1 786	729	424
30. Fabricación y reparación de productos metálicos	2 528	1 509	1 019	507	324
31. Construcción y reparación de maquinaria	863	305	558	139	41
32. Construcción y reparación de maquinaria, aparatos, accesorios y artículos eléctricos	2 238	1 342	896	452	53
33. Construcción y reparación de equipo y material de transporte	1 137	580	557	311	35
34. Construcción de vehículos automóviles	2 357	1 733	624	240	14
TOTAL SECTOR I	13 813	8 373		2 378	891
35. Industrias manufactureras diversas	1 379	755	624	298	50
37. Electricidad	2 205	703	1 502	768	167
TOTAL SECTOR II	158 883	42 353		12 596	3 576
TOTAL SECTORES I y II	86 348	50 726		14 974	4 467

FUENTE: Elaborado en base de las "Cuentas Nacionales y Acervos de Capital consolidadas por tipo de actividad económica (1950-1967)", Banco de México, S. A.

CUADRO 13: PIB E INGRESO. INDUSTRIA DE TRANSFORMACIÓN
(1967, millones de pesos 1960)

Tipo de actividad económica	Producción bruta	Consumo intermedio	P.I.B.	Remuneración asalariados	Asignación consumo capital fijo
7a. Extracción y refinación de petróleo y fabricación de productos derivados del carbón	14 577	6 292	8 285	1 995	1 642
7b. Producción petroquímica base	819	237	582	—	582
8. Matanza de ganado y de aves, preparación y conservación de carne, fabricación y tratamiento de productos lácteos	5 543	3 861	1 682	565	321
9. Molienda de trigo y de nixtamal, manufactura de productos de panadería y pastelería; fabricación de tortilla	12 933	8 746	4 187	1 550	421
10. Manufactura de otros productos alimenticios	18 507	12 790	5 717	1 534	502
11. Elaboración de bebidas	7 005	4 234	2 771	888	103
12. Manufactura de productos de tabaco	1 284	452	832	119	15
13. Hilado, tejidos y acabados textiles de fibras blandas	8 512	5 023	3 489	1 116	234
14. Otras industrias textiles	1 566	858	708	342	127

Tipo de actividad económica	Producción bruta	Consumo intermedio	P.I.B.	Remuneración asalariados	Asignación consumo capital fijo
15. Fabricación de calzado, prendas de vestir y tejidos de punto	9 474	5 914	3 560	1 221	213
16. Industria de madera y corcho	2 409	1 327	1 082	242	119
17. Fabricación de papel y productos de papel	4 312	2 379	1 933	387	161
18. Imprenta, editorial e industrias conexas	2 479	1 369	1 110	442	217
19. Industrias del cuero y productos de cuero	1 509	1 029	480	247	75
20. Fabricación y reparación de productos de hule	2 499	1 056	1 443	210	38
21. Fabricación de productos químicos básicos, orgánicos e inorgánicos	2 171	1 541	630	244	305
22. Fabricación de fibras sintéticas, resinas, materiales plásticos, elásticos y hule sintético	1 776	758	1 018	122	3
23. Fabricación y mezcla de abonos y fertilizantes y de insecticidas	1 247	990	257	76	61
24. Producción de jabones, detergentes y otros productos para el lavado y aseo	1 870	1 402	468	94	171
25. Fabricación de productos farmacéuticos adicionales	2 818	1 705	1 113	601	33

26. Fabricación de perfumes, cosméticos y otros artículos de tocador	1 417	640	777	146	36
27. Otras industrias químicas	2 191	1 575	616	166	96
28. Fabricación de productos minerales no metálicos	4 748	2 528	2 220	758	331
29. Industrias metálicas, fundiciones de hierro, bronce y otros metales	9 696	6 036	3 660	1 164	745
30. Fabricación y reparación de productos metálicos	4 766	2 851	1 915	865	326
31. Construcción y reparación de maquinaria	1 297	458	839	345	65
32. Construcción y reparación de maquinaria, aparatos, accesorios y artículos eléctricos	5 621	3 373	2 248	1 012	93
33. Construcción y reparación de equipo y material de transporte	1 832	935	897	619	51
34. Construcción de vehículos automóviles	7 620	5 422	2 196	871	37
TOTAL	30 832	19 076		4 876	1 317
35. Industrias manufactureras diversas	2 426	1 080	1 346	406	83
37. Electricidad	4 741	1 161	3 580	1 079	376
TOTAL	149 665	88 022		19 426	7 582

CUADRO 14: INVERSIÓN BRUTA FIJA
(*Millones de pesos*)

Año	Total (a)	Total (b)	Privada (c)	(b/a)
1950	4 828	2 660	2 168	55
1960	23 226	8 772	14 454	37
1970	82 200	31 269	50 931	38
1971	84 600	29 983	54 617	35
1972	99 817	34 715	65 102	34
1973	124 771	52 081	72 690	41

FUENTE: Prontuario Estadístico de la Secretaría de Recursos Hidráulicos. México, octubre de 1974.

CUADRO 15: SECTOR I PRODUCTOR EN PEQUEÑA ESCALA DE MEDIOS DE PRODUCCIÓN; PIB E INGRESO DE LOS FACTORES POR ACTIVIDAD ECONÓMICA; INDUSTRIA DE TRANSFORMACIÓN (PRODUCCIÓN DE MEDIOS DE PRODUCCIÓN)

(Millones de pesos de 1960)

Tipo de actividad económica	Producción bruta					Producción Interna Bruta					
	1960	Lugar	1967	Lugar	1970*	1960	Lugar	1967	Lugar	1970	Lugar
29. Industrias metálicas básicas	4 690	1º	9 696	1º	24 080	1 786	1º	3 360	1º	5 120	1º
30. Fabricación y reparación de productos metálicos	2 528	2º	4 766	4º	11 724	1 019	2º	1 915	4º	3 905	4º
31. Construcción y reparación de maquinaria	863	6º	1 297	6º	5 078	558	5º	839	6º	2 917	5º
32. Construcción de maquinaria, aparatos, accesorios eléctricos	2 238	4º	5 621	3º	11 199	896	3º	2 248	2º	4 512	3º
33. Construcción de equipo y material de transporte	1 137	5º	1 832	5º	15 347	557	6º	897	5º	6 248	2º
34. Construcción de vehículos automóviles	2 357	3º	7 620	2º		624	4º	2 196	4º		

FUENTE: Elaborado con datos del IX Censo Industrial, S.I.C. y el Prontuario Estadístico de la Secretaría de Recursos Hidráulicos, México, octubre de 1974.

* Los datos de 1970 son a precios corrientes tomados de "Statistics on the Mexican National Economy", México, 1974, p. 29.

CUADRO 16: MÉXICO: COMERCIO EXTERIOR POR PAÍSES Y ZONAS ECONÓMICAS SELECCIONADAS (1960-1973)

(Miles de dólares)

Concepto	1960 Exportaciones	%	Importaciones	%	1970 Exportaciones	%	Importaciones	%	1973 Exportaciones	%	Importaciones	%	Saldos (Millones de dólares) 1960	1970	1973
Total	623 174		1 187 398		1 084 591		2 326 819		1 835 630				-311.1	-945.9	-1331.5
Estados Unidos	455 132	72	855 793	72	742 328	68.4	1 431 512	61.52	1 127 410	-61.4	2 299 219	59.8			
Mercado común europeo	71 706	11.3	199 334	11.7	80 970	7.4	462 117	19.8	157 698	- 8.5	644 815	16.8			
Asociación latino-americana de libre comercio	8 864	1.4	3 909	.3	92 547	8.5	63 865	2.7	164 242	- 8.9	192 974	5.0			
Japón	44 428	7.3	17 160	1.4	68 887	6.3	86 015	3.7	125 200	- 6.8	177 893	4.6			

CUADRO 17: MÉXICO: VALOR DE LOS PRINCIPALES ARTÍCU-
LOS DE EXPORTACIÓN POR SECTORES DE
ORIGEN

(Miles de Dólares)

Grupo	1960	1970	1973
Valor total exportación	738 713	1 377 957	2 451 995
Agricultura	307 489	376 882	619 987
Ganadería y apicultura	45 372	127 189	166 272
Industria extractiva	157 602	202 509	207 167
Industria de transformación	134 767	302 432	1 342 960

FUENTE: *Banco de México, S. A.* Informes Anuales.

CUADRO 18: FORMACIÓN BRUTA DE CAPITAL FIJO. (IN-
DUSTRIA MANUFACTURERA Y SECTOR AGRO-
PECUARIO)

(Millones de pesos de 1960)

		1950	1960	1967	1970	1976
Sector IIa$_3$ p.m.	a)	1 404	2 412	2 925	—	—
productores	b)	51	967	—	3 932	—
agropecuarios	c)	—	3 772	3 057	—	9 921
	d)	1 153	4 296	4 803	—	—
Sector Ia$_1$ M.P.	a)	494	1 789	3 704	—	—
productor en	b)					
pequeña escala	c)		2 104	3 916		9 874
de medios	d)					
de producción	e)				4 646	
Sector IIa$_2$ p.m.	a)	5 399	7 422	16 556		
productor de	c)		9 169	20 292		42 889
productos	e)				20 619	
manufacturados						
Total de	a)	5 893	9 211	20 260		
la industria	b)	575	2 969		9 467	
manufacturera	c)		11 273	24 208		52 763
	e)				25 265	

FUENTE: a) *Cuentas Nacionales,* Banco de México, 1969.

b) *Matrices de Insumo Producto* (1950, 1960, 1970),
México.

c) Proyecciones de la Economía Mexicana para 1976,
cuadro núm. 8. Proyección (hipótesis baja), Banco de México, 1975.

d) Prontuario Estadístico de la Secretaría de Recursos Hidráulicos, México, 1974.

e) *Anuario Estadístico de los Estados Unidos Mexicanos,* 1970-1971, Secretaría de Industria y Comercio, México, 1973.

CUADRO 19: FORMACIÓN BRUTA DE CAPITAL FIJO EN IM-
PORTACIONES DE MAQUINARIA Y EQUIPO
(Millones de pesos de 1960)

Clase de mercancía	1960	1961	1963	1965	1968	1969	1970	1971
Total	6 025	5 814	6 066	10 612	13 413	12 696	13 947	12 624
Bienes de capital para la agricultura	846	776	1 003	868	708	672	575	536
Bienes de capital para la industria y los servicios	2 709	3 073	2 354	7 123	8 170	8 653	9 099	8 851
Bienes de capital para el transporte y las comunicaciones	2 470	1 965	2 709	2 621	4 535	3 371	4 273	3 237

FUENTE: Banco de México, S. A., Subgerencia de Investigación Económica, México.

CUADRO 20: FORMACIÓN BRUTA DE CAPITAL FIJO DE ORI-
GEN NACIONAL EN MAQUINARIA Y EQUIPO
(Miles de pesos de 1960)

Clase de actividad económica	1950	1960	1964	1967	1969	1970	1971
Construcción y reparación de maquinaria	49	216	474	1 312	1 959	2 255	2 214
Construcción de carros	356	1 855	2 827	3 550	4 361	4 819	5 268
Industrias metálicas básicas y otros	94	832	1 312	1 789	2 817	3 457	3 791

FUENTE: Banco de México, S. A., Subgerencia de Investigación Económica, México.

CUADRO 21: DISTRIBUCIÓN DE CAPITAL CONSTANTE Y LA
TASA DE PLUSVALÍA POR SECTORES Y SUB-
SECTORES EN MÉXICO. (1950, 1960, 1967,
1970)

(Millones de pesos de 1960)

	1950	1960	1967	1970
Capital				
constante total				
Ia_1 M.P.	15 700	31 773	56 112	60 500
IIa_2 p.m.	65 300	130 153	217 935	215 000
IIa_3 p.a.	36 970	59 315	78 129	82 700
Formación interna				
de capital fijo				
Ia_1 M.P.	494	1 789	3 704	4 646
IIa_2 p.m.	5 399	7 422	16 556	20 619
IIa_3 a.p.	1 404	2 412	2 925	3 775
Capital circulante				
Ia_1 M.P.	5 500	8 373	19 075	20 000
IIa_2 p.m.	20 850	42 353	68 946	55 000
IIa_3 p.a.	4 070	7 721	11 429	11 429
Depreciación de				
capital fijo				
Ia_1 M.P.	400	891	1 317	4 646
IIa_2 p.m.	1 800	3 576	6 296	7 500
IIa_3 p.a.	349	718	1 024	1 000
Inventarios				
Ia_1 M.P.	1 500	3 465	6 353	8 000
IIa_2 p.m.	5 600	14 007	23 275	45 000
IIa_3 p.a.	7 893	11 853	14 774	15 000
Stock de				
capital fijo				
Ia_1 M.P.	7 806	17 255	25 663	25 864
IIa_2 m.p.	31 651	62 795	102 862	86 881
IIa_3 p.a.	23 254	36 609	47 977	51 496

FUENTE: Esquemas de la reproducción de capital social en este
trabajo.

CUADRO 22: TIEMPO DE ROTACIÓN DEL CAPITAL FIJO,
ACUMULACIÓN DE CAPITAL CONSTANTE Y
TASA DE PLUSVALÍA EN MÉXICO. (1950,
1960, 1967, 1970)

(Millones de pesos de 1960)

	1950	1960	1967	1970
Tiempo de rotación de capital fijo	*años*			
Ia$_1$ M.P.	19.5	19.3	19.4	12.9
IIa$_2$ p.m.	17.5	17.5	16.3	11.5
IIa$_3$ p.a.	66.6	50.9	46.8	51.4
Acumulación de capital constante	*millones de pesos*			
Ia$_1$ M.P.	7 894	14 518	30 449	34 646
IIa$_2$ p.m.	33 649	67 358	115 073	128 119
IIa$_3$ p.a.	13 716	22 704	30 152	31 204
Tasa de plusvalía	*%*			
Ia$_1$ M.P.	63.3	116.6	114.9	125.4
IIa$_2$ p.m.	76.4	134.1	203.8	197.4
IIa$_3$ p.a.	205.8	197.3	314.8	311.4

FUENTE: Esquemas de reproducción del capital social en este trabajo.

impreso en editorial andrómeda, s. a.
av. año de juárez 226-local c/col. granjas san antonio
del. iztapalapa-09070 méxico, d. f.
un mil ejemplares y sobrantes
25 de julio de 1985

LA FORMACIÓN DEL CAPITALISMO EN MÉXICO

SERGIO DE LA PEÑA

La presente investigación, que abarca el dilatado período que va de 1521 a 1910, está dedicada a examinar la forma como surgió el capitalismo en México y el carácter que cobró. Desde el punto de vista metodológico, el estudio postula el predominio determinante de las relaciones internas y considera el modo como las contradicciones externas (vinculación con el capitalismo mundial, por ejemplo), son interiorizadas y repercuten sobre las relaciones de producción. La interpretación acentúa la importancia de las fuerzas productivas y de las relaciones sociales y de producción que se dan en el interior del país. En este sentido, difiere de interpretaciones recientes que hacen excesivo hincapié en la importancia que asume la esfera de la distribución, por una parte, y de aquella otra corriente, no menos popular, que plantea una sobredeterminación de las relaciones de explotación por las vinculaciones e influencias del exterior.

El estudio está acompañado de un abundante material estadístico, necesario como material de demostración de las tesis sostenidas.

Sergio de la Peña es investigador de tiempo completo en el Instituto de Investigaciones Sociales de la UNAM. Siglo XXI le ha publicado anteriormente el ensayo *El antidesarrollo de América Latina*.

MÉXICO, 1940: INDUSTRIALIZACIÓN Y CRISIS POLÍTICA

ARIEL JOSÉ CONTRERAS

El presente ensayo abarca un breve pero importante período en la historia de México: el que marca el tránsito de una sociedad esencialmente agraria a una sociedad con predominio industrial. Las fuerzas sociales que intervinieron en esta transición, su ideología y los diversos programas y métodos de lucha, son objeto de descripción y análisis. Estos, pero también otros problemas que hoy parecen cobrar nueva vigencia —la crisis del gobierno de Cárdenas, el conflicto Múgica-Ávila Camacho, la naturaleza del almazanismo— son abordados seria y exhaustivamente a lo largo de la obra.

La concepción metodológica que sirve como punto de partida supone que es precisamente en los momentos de crisis cuando se manifiesta más nítidamente el contenido de una época, que es en esa circunstancia cuando las motivaciones profundas de las clases y los grupos sociales emergen a la luz pública. Si bien el autor toma como eje el proceso de industrialización, destaca las determinaciones particulares, básicamente de orden político, que confluyen en la explicación de la crisis.

Ariel José Contreras, antropólogo, ha publicado diversos trabajos sobre economía agrícola.

www.ingramcontent.com/pod-product-compliance
Lightning Source LLC
Chambersburg PA
CBHW031958190326
41520CB00007B/287